왕초보
주제별 중국어 단어 3000

왕초보 주제별 중국어 단어 3000

2012년 12월 20일 1쇄 발행
2017년 1월 15일 5쇄 발행

지은이 Enjc스터디
발행인 손건
편집기획 손용희
마케팅 이언영
디자인 김선옥
제작 최승용
인쇄 선경프린테크

발행처 *LanCom* 랭컴
주소 서울시 영등포구 영신로 38길 17
등록번호 제 312-2006-00060호
전화 02) 2636-0895
팩스 02) 2636-0896
홈페이지 www.lancom.co.kr

ⓒ Enjc스터디 2012
ISBN 978-89-98469-06-1   13720

이 책의 저작권은 저자에게 있습니다. 저자와 출판사의 허락없이
내용의 일부를 인용하거나 발췌하는 것을 금합니다.

Enjc 스터디 지음

왕초보 주제별 중국어 단어 3000

LanCom
Language & Communication

머리말

우리말로 대화를 할 때 모든 단어를 알아듣지 못해도 키워드가 되는 몇 단어만 알아들으면 대화의 흐름을 파악할 수 있다는 것은 여러분도 많은 경험을 통해 잘 알 수 있을 것입니다.

이것은 모든 언어에도 적용할 수 있습니다. 영어에든, 일본어에든, 중국어에든 키워드가 되는 단어를 확실히 알아들으면 상대가 무슨 말을 하고 있는지 대강 파악할 수 있습니다.

우리가 생활 속에서 의사소통을 할 때 일상회화는 평균적으로 3,000 단어 정도를 알고 있으면 쓰이는 말의 70~80 퍼센트를 이해할 수 있다는 말이 있습니다. 이렇듯 회화의 기본이 되는 3,000 단어를 알아듣고 이를 얼마나 능숙하게 사용하는지가 어학 실력을 기르는 데 중요한 열쇠가 된다는 것은 분명한 사실입니다.

이 책은 중국어 회화를 배우려는 분이 일상 커뮤니케이션에 필요한 단어를 효율적으로 암기하고 숙달하는 것을 목표로 하고 있습니다. 일상생활의 여러 가지 분야에서 주제별로 약 3,000 단어를 엄선하여 숙지하기 쉽도록 다음과 같은 특징으로 구성하였습니다.

휴대용 중국어 단어장
언제 어디서든 가지고 다니면서 쉽게 꺼내서 볼 수 있

도록 한 손에 꽉 잡히는 사이즈로 만들었습니다.

보기만 해도 기억되는 그림단어
각 주제에 들어가기 전에 그림과 함께 단어를 익힐 수 있도록 하여 암기의 폭을 넓혔습니다.

주제별 구성
단어를 하나하나 외우려면 많은 노력이 필요하지만, 이 책에서는 크게 테마를 잡고 주제 안에서 세분하여 소분류를 두었습니다. 따라서 각 단어를 큰 틀에서 점차 확대해감으로써 자연스럽게 기억할 수 있습니다.

일상생활 필수단어
전문적인 분야를 제외한 일상회화를 하는 데 꼭 필요한 약 3,000개의 단어를 숫자, 입는 것, 먹는 것, 주거생활, 인체와 건강, 가족과 인간관계, 직업과 회사, 교통과 여행, 동식물, 문화와 스포츠, 자연과 학교, 기본단어 등을 상황별로 구성하였습니다.

한글로 발음표기
중국어 발음을 그대로 한글 표기하는 것은 어려운 일이지만, 가능한 원어민의 발음을 살려서 초보자도 사전을 찾아보지 않고 쉽게 읽고 암기할 수 있도록 단어마다 한글로 그 발음을 표기해두었습니다.

| 차 례 |

PART 01 숫자
숫자 _____ 13
시간 _____ 16
날짜 _____ 17
요일 _____ 18
월 _____ 19
때 _____ 19

PART 02 입는 것
의상 _____ 27
겉옷 _____ 28
바지와 스커트 _____ 29
양말과 신발 _____ 30
맞춤복 _____ 31
옷감 _____ 33
장식품 _____ 34
화장품 _____ 36
헤어스타일 _____ 38
일용품 _____ 40

PART 03 먹는 것
식사 _____ 47
식당 _____ 48
육고기 _____ 49
곡류 _____ 49
야채 _____ 50
과일 _____ 51
조리법 _____ 52
조미료 _____ 52
디저트 _____ 53
술 _____ 54
차와 음료 _____ 55

PART 04 주거생활
가옥 _____ 61
가구와 침구 _____ 64
식기 _____ 64
생활용품 _____ 65

조명과 전기	66
가전제품	67
욕실	69
청소용품과 세탁	69
공구	70
여러 가지 의문사	71

PART 05 인체와 건강

신체	75
병의 증상	76
병과 부상	79
병원	81
약국과 약	85

PART 06 가족과 인간관계

가족과 사람	91
신분	93
주위 사람들	94
남여교제	97
결혼	98
관혼상제	99
명절과 축제	100
교류	102

PART 07 직업과 회사

직종	107
직위	109
전문인	109
신분	110
업계와 업종	111
기업의 형태	113
사내의 부서	114
직책	115
사규	117
근무	119
회의	120
상벌	121
사무용품	122

|차 례|

PART 08 교통과 여행

전화	127
우편	127
거리와 도로	129
기차역	130
열차 안	133
승하차	134
자동차	135
차체	137
운전	139
배	140
공항	142
출국수속	143
기내	144
입국수속	146
호텔	146
객실	147
부대시설	148

PART 09 동식물

주변에서 볼 수 있는 동물	151
바다와 수족관 생물	153
조류	154
야생동물	156
파충류	157
곤충	158
해조류와 수초	160
미생물	161
초목	162
수목	163

PART 10 문화와 스포츠

영화	167
영화의 종류	168
음악	169
악기	171
연극	173

그림과 공예	174
서예	175
애완동물	175
낚시	176
게임	177
스포츠 용어	178
스포츠 항목	180
건강 스포츠	182
격투기	183
구기종목	183
육상경기	184
레저스포츠	185

PART 11 자연과 학교

날씨	189
사계절	191
기후와 자연	191
교육	193
학교	194
학과와 과목	198
학교용품	201
필기구	201
예술	202

PART 12 기본단어

지시대명사	206
인칭대명사	206
의문사	207
위치와 방향	207
기본 형용사	208
성격	211
감정	212
중요 동사	214
중요 부사	216
일상적인 행위	219

PART 01

숫자

숫자
시간
날짜
요일
월
때

숫자

一(yī) 일 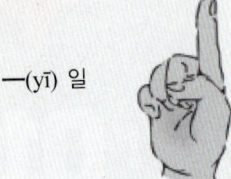 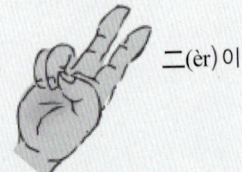 二(èr) 이

三(sān) 삼 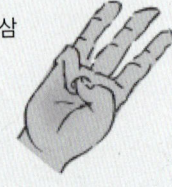  四(sì) 사

五(wǔ) 오   六(liù) 육

七(qī) 칠   八(bā) 팔

九(jiǔ) 구 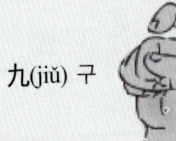  十(shí) 십

 **숫자**

零 (líng 링) 영

一 (yī 이) 일, 1

二 (èr 얼) 이, 2

三 (sān 싼) 삼, 3

四 (sì 쓰) 사, 4

五 (wǔ 우) 오, 5

六 (liù 리우) 육, 6

七 (qī 치) 칠, 7

八 (bā 빠) 팔, 8

九 (jiǔ 지우) 구, 9

十 (shí 스) 십, 10

二十 (èrshí 얼스) 이십, 20

三十 (sānshí 싼스) 삼십, 30

四十 (sìshí, 쓰스) 사십, 40

五十 (wǔshí 우스) 오십, 50

六十 (liùshí 리우스) 육십, 60

七十 (qīshí 치스) 칠십, 70

01

八十 (bāshí 빠스) 팔십, 80

九十 (jiǔshí 지어우스) 구십, 90

百 (bǎi 바이) 백, 100

二百 (èrbǎi 얼바이) / 两百 (liǎngbǎi 리앙바이) 이백, 200

三百 (sānbǎi 싼바이) 삼백, 300

四百 (sìbǎi 쓰바이) 사백, 400

五百 (wǔbǎi 우바이) 오백, 500

六百 (liùbǎi 리우바이) 육백, 600

七百 (qībǎi 치바이) 칠백, 700

八百 (bābǎi 빠바이) 팔백, 800

九百 (jiǔbǎi 지우바이) 구백, 900

一千 (yīqiān 이치엔) 천, 1,000

二千 (èrqiān 얼치엔) / 两千 (liǎngqiān 리앙치엔) 이천, 2,000

三千 (sānqiān 싼치엔) 삼천, 3,000

四千 (sìqiān 쓰치엔) 사천, 4,000

五千 (wǔqiān 우치엔) 오천 5,000

六千 (liùqiān 리우치엔) 육천, 6,000

七千 (qīqiān 치치엔) 칠천, 7,000

八千 (bāqiān 빠치엔) 팔천, 8,000

九千 (jiǔqiān 지우치엔) 구천, 9,000

一万 (yīwàn 이완) 만, 10,000

二万 (èrwàn 얼완) / 两万 (liǎngwàn 리앙완) 이만, 20,000

三万 (sānwàn 싼완) 삼만, 30,000

四万 (sìwàn 쓰완) 사만, 40,000

五万 (wǔwàn 우완) 오만, 50,000

六万 (liùwàn 리우완) 육만, 60,000

七万 (qīwàn 치완) 칠만, 70,000

八万 (bāwàn 빠완) 팔만, 80,000

九万 (jiǔwàn 지우완) 구만, 90,000

十万 (shíwàn 스완) 십만, 100,000

百万 (bǎiwàn 바이완) 백만, 1,000,000

千万 (qiānwàn 치엔완) 천만, 10,000,000

亿 (yì 이) 억

十亿 (shíyì 스이) 십억

百亿 (bǎiyì 바이이) 백억

千亿 (qiānyì 치엔이) 천억

 **시간**

一点 (yīdiǎn 이디엔) 한 시, 1시

二点 (èrdiǎn 얼디엔)/两点 (liǎngdiǎn 리앙디엔)
 두 시, 2시

三点 (sāndiǎn 싼디엔) 세 시, 3시

四点 (sìdiǎn 쓰디엔) 네 시, 4시

五点 (wǔdiǎn 우디엔) 다섯 시, 5시

六点 (liùdiǎn 리우디엔) 여섯 시, 6시

七点 (qīdiǎn 치디엔) 일곱 시, 7시

八点 (bādiǎn 빠디엔) 여덟 시, 8시

九点 (jiǔdiǎn 지우디엔) 아홉 시, 9시

十点 (shídiǎn 스디엔) 열 시, 10시

十一点 (shíyīdiǎn 스이디엔) 열한 시, 11시

十二点 (shí'èrdiǎn 스얼디엔) 열두 시, 12시

几点 (jǐdiǎn 지디엔) 몇 시

~分 (fēn 펀) ~분

几分 (jǐfēn 지펀) 몇 분

~秒 (miǎo 미아오) ~초

几秒 (jǐmiǎo 지미아오) 몇 초

날짜

一日 / 号 (yīrì/hào 이르/하오) 1일

二日 / 号 (èrrì/hào 얼르/하오) 2일

三日 / 号 (sānrì/hào 싼르/하오) 3일

四日 / 号 (sìrì/hào 쓰르/하오) 4일

五日 / 号 (wǔrì/hào 우르/하오) 5일

六日 / 号 (liùrì/hào 리우르/하오) 6일

七日/号 (qīrì/hào 치르/하오) 7일

八日/号 (bārì/hào 빠르/하오) 8일

九日 / 号 (jiǔrì/hào 지우르/하오) 9일

十日 / 号 (shírì/hào 스르/하오) 10일

十一日 / 号 (shíyīrì/hào 스이르/하오) 11일

二十日 / 号 (èrshírì/hào 얼스르/하오) 20일

二十一日 / 号 (èrshíyīrì/hào 얼스이르/하오) 21일

三十日 / 号 (sānshírì/hào 싼스르/하오) 30일

三十一日 / 号 (sānshíyīrì/hào 싼스이르/하오) 31일

几号 (jǐhào 지하오) 몇 일

 요일

星期一 (xīngqīyī 싱치이) 월요일

星期二 (xīngqīèr 싱치얼) 화요일

星期三 (xīngqīsān 싱치싼) 수요일

星期四 (xīngqīsì 싱치쓰) 목요일

星期五 (xīngqīwǔ 싱치우) 금요일

星期六 (xīngqīliù 싱치리우) 토요일

星期日 (xīngqīrì 싱치르) 일요일

星期天 (xīngqītiān 싱치티엔) 일요일

星期几 (xīngqījǐ 싱치지) 무슨 요일

월

一月 (yīyuè 이위에) 1월

二月 (èryuè 얼위에) 2월

三月 (sānyuè 싼위에) 3월

四月 (sìyuè 쓰위에) 4월

五月 (wǔyuè 우위에) 5월

六月 (liùyuè 리우위에) 6월

七月 (qīyuè 치위에) 7월

八月 (bāyuè 빠위에) 8월

九月 (jiǔyuè 지우위에) 9월

十月 (shíyuè 스위에) 10월

十一月 (shíyīyuè 스이위에) 11월

十二月 (shíèryuè 스얼위에) 12월

几月 (jǐyuè 지위에) 몇 월

때

时间 (shíjiān 스찌엔) 시간

01

时候 (shíhòu 스허우) 때, 시

时刻 (shíkè 스크어) 시각

现在 (xiànzài 시엔짜이) 현재, 지금

过去 (guòqù 꾸어취) 과거

未来 (wèilái 웨이라이) 미래

以前 (yǐqián 이치엔) 이전

以后 (yǐhòu 이허우) 이후, 그후

最近 (zuìjìn 쭈에이찐) 최근, 요즘

最初 (zuìchū 쭈에이추) 최초, 처음

最后 (zuìhòu 쭈에이허우) 최후, 마지막

世纪 (shìjì 스찌) 세기

年 (nián 니엔) 연, 해

前年 (qiánnián 치엔니엔) 재작년

去年 (qùnián 취니엔) 작년

今年 (jīnnián 찐니엔) 금년, 올해

明年 (míngnián 밍니엔) 내년, 명년

后年 (hòunián 허우니엔) 내후년

每年 (měinián 메이니엔) 매년

新年 (xīnnián 신니엔) 신년, 새해

月 (yuè 위에) 월, 달

上个月 (shànggèyuè 상거위에) 지난달

这个月 (zhègèyuè 쩌거위에) 이번달

下个月 (xiàgèyuè 시아거위에) 다음달

每月 (měiyuè 메이위에) 매달, 매월

星期 (xīngqī 싱치) 주, 주간

周末 (zhōumò 저우모어) 주말

上个星期 (shànggèxīngqī 상거싱치) 지난주

这个星期 (zhègèxīngqī 쩌거싱치) 이번주

下个星期 (xiàgèxīngqī 시아거싱치) 다음주

每星期 (měixīngqī 메이싱치) 매주

日 (rì 르) 일

日子 (rìzi 르즈) 날, 날짜

前天 (qiántiān 치엔티엔) 그제

昨天 (zuótiān 주어티엔) 어제

今天 (jīntiān 찐티엔) 오늘

明天 (míngtiān 밍티엔) 내일

后天 (hòutiān 허우티엔) 모레

天天 (tiāntiān 티엔티엔) 매일

每天 (měitiān 메이티엔) 매일

第二天 (dìèrtiān 띠얼티엔) 다음날

整天 (zhěngtiān 정티엔) 온종일

半天 (bàntiān 빤티엔) 반나절

早晨 (zǎochén 자오천) 새벽

早上 (zǎoshàng 자오상) 아침

白天 (báitiān 바이티엔) 낮

上午 (shàngwǔ 상우) 오전

中午 (zhōngwǔ 쭝우) 정오

下午 (xiàwǔ 시아우) 오후

晚上 (wǎnshàng 완상) 저녁

夜 (yè 이에) 밤

半夜 (bànyè 빤이에) 한밤중

月初 (yuèchū 위에추) 월초

现在 (xiànzài 시엔짜이) 지금

将来 (jiānglái 찌앙라이) 장래

未来 (wèilái 웨이라이) 미래

当天 (dāngtiān 땅티엔) 당일

当时 (dāngshí 땅스) 당시, 그때

过去 (guòqù 꾸어취) 과거

以前 (yǐqián 이치엔) 이전

以后 (yǐhòu 이허우) 이후

后来 (hòulái 허우라이) 그 후, 그 뒤에

曾经 (zēngjīng 청찡) 이전에

已经 (yǐjīng 이찡) 이미(벌써)

早就 (zǎojiù 자오찌우) 일찍이(진작)

早晚 (zǎowǎn 자오완) 아침저녁

刚才 (gāngcái 깡차이) 금방

刚刚 (gānggang 깡강) 방금

隔天 (gétiān 그어티엔) 하루건너

永远 (yǒngyuǎn 용위엔) 영원히

公元 (gōngyuán 꽁위엔) 서기

世纪 (shìjì 스찌) 세기

PART 02

입는 것

의상
겉옷
바지와 스커트
양말과 신발
맞춤복
옷감
장식품
화장품
헤어스타일
일용품

의복과 관련된 그림 단어

❶ 发带 fàdài 헤어밴드 ❷ 腰带 yāodài 벨트
❸ 刷子 shuāzi 브러시 ❹ 衣服 yīfu 옷
❺ 大衣 dàyī 코트 ❻ 连衣裙 liányīqún 드레스
❼ 手套 shǒutào 장갑 ❽ 帽子 màozi 모자
❾ 戒指 jièzhi 반지 ❿ 衬衫 chènshān 셔츠
⓫ 裙子 qúnzi 스커트 ⓬ 背心 bèixīn 조끼
⓭ 长筒靴 chángtǒngxuē 부츠 ⓮ 棒球帽 bàngqiúmào 야구모자
⓯ 手绢 shǒujuàn 손수건 ⓰ 项链 xiàngliàn 목걸이
⓱ 鞋 xié 신발 ⓲ 袜子 wàzi 양말
⓳ 西装 xīzhuāng 양복 ⓴ 毛衣 máoyī 스웨터
㉑ 领带 lǐngdài 넥타이 ㉒ 裤子 kùzi 바지

의상

衣服 (yīfu 이푸) 옷

旗袍 (qípáo 치파오) 차이나드레스

男装 (nánzhuāng 난쭈앙) 신사복

女装 (nǚzhuāng 뉘쭈앙) 여성복

童装 (tóngzhuāng 통쭈앙) 아동복

西装 (xīzhuāng 시쭈앙) 양복, 수투

休闲服 (xiūxiánfú 시우시엔푸) 캐주얼

制服 (zhìfú 쯔푸) 제복, 유니폼

大衣 (dàyī 따이) 외투

风衣 (fēngyī 펑이) 바바리

雨衣 (yǔyī 위이) 레인코트

婚礼服 (hūnlǐfú 훈리푸) 결혼예복

燕尾服 (yànwěifú 이엔웨이푸) 턱시도

运动服 (yùndòngfú 윈똥푸) 운동복

游泳衣 (yóuyǒngyī 여우용이) 수영복

睡袍 (shuìpáo 수에이파오) 가운

睡衣 (shuìyī 수에이이) 잠옷

겉옷

上衣 (shàngyī 상이) 겉옷

夹克 (jiākè 찌아크어) 점퍼

毛衣 (máoyī 마오이) 스웨터

衬衫 (chènshān 천샨) 셔츠

长袖衬衫 (chángxiùchènshān 창시우천샨)
　　　　긴소매 셔츠

短袖衬衫 (duǎnxiùchènshān 두안시우천샨)
　　　　짧은소매 셔츠

白衬衫 (báichènshān 바이천샨) 와이셔츠

女衬衫 (nǚchènshān 뉘천샨) 블라우스

小背心儿 (xiǎobèixīnr 시아오뻬이신) 볼레로

连衣裙 (liányīqún 리엔이췬) 원피스

内衣 (nèiyī 네이이) 내의 속옷

汗背心 (hànbèixīn 한뻬이신) 러닝셔츠

T恤 (Txù 티쉬) 티셔츠

圆领T恤 (yuánlǐngTxù 위엔링티쉬) 라운드티셔츠

背心 (bèixīn 뻬이신) 조끼

乳罩 (rǔzhào 루짜오) 브래지어

바지와 스커트

裤子 (kùzi 쿠즈) 바지

长裤 (chángkù 창쿠) 긴바지

牛仔裤 (niúzǎikù 니우자이쿠) 청바지

内裤 (nèikù 네이쿠) 팬티

紧身裤 (jǐnshēnkù 진션쿠) 스키니진

三角裤 (sānjiǎokù 싼지아오쿠) 삼각팬티

衬裤 (chènkù 천쿠) 속바지

裙子 (qúnzi 췬즈) 치마 스커트

长裙 (chángqún 창췬) 긴치마 롱스커트

短裙 (duǎnqún 두안췬) 짧은치마

迷你裙 (mínǐqún 미니췬) 미니스커트

裙裤 (qúnkù 췬쿠) 치마바지

筒裙 (tǒngqún 통췬) 통치마

喇叭裙 (lǎbaqún 라빠췬) 플레어스커트

百褶裙 (bǎizhěqún 바이저췬) 주름치마

衬裙 (chènqún 천췬) 속치마

 양말과 신발

袜子 (wàzi 와즈) 양말

短袜 (duǎnwà 두안와) 짧은 양말

长袜 (chángwà 창와) 긴 양말

丝袜 (sīwà 쓰와) 스타킹

短筒丝袜 (duǎntǒngsīwà 두안통쓰와) 짧은 스타킹

长筒丝袜 (chángtǒngsīwà 창통쓰와) 긴 스타킹

连裤袜 (liánkùwà 리엔쿠와) 팬티스타킹

毛线丝袜 (máoxiànīwà 마오시엔와) 털양말

线袜 (xiànwà 시엔와) 면양말

鞋子 (xiézi 시에즈) 신발

靴子 (xuēzi 쉬에즈) 장화 부츠

童鞋 (tóngxié 통시에) 아동화

高跟鞋 (gāogēnxié 까오끄언시에) 하이힐

平跟鞋 (pínggēnxié 핑끄언시에) 단화

高筒鞋 (gāotǒngxié 까오통시에) 롱부츠

雨鞋 (yǔxié 위시에) 장화

球鞋 (qiúxié 치우시에) 운동화

登山鞋 (dēngshānxié 떵샨시에) 등산화

皮鞋 (píxié 피시에) 구두

凉鞋 (liángxié 리앙시에) 샌들

拖鞋 (tuōxié 투어시에) 슬리퍼

胶鞋 (jiāoxié 찌아오시에) 고무신

맞춤복

缝制 (féngzhì 펑쯔) 봉제

缝补 (féngbǔ 펑부) 꿰매다

试缝 (shìféng 스펑) 가봉

刺绣 (cìxiù 츠시우) 자수

缝纫机 (féngrènjī 펑런찌) 재봉틀

量尺寸 (liángchǐcun 리앙츠춘) 치수를 재다

领围 (lǐngwéi 링웨이) 목둘레

袖口 (xiùkǒu 시우커우) 소맷부리

臀围 (túnwéi 툰웨이) 엉덩이둘레

裤长 (kùcháng 쿠창) 바지 길이

裙长 (qúncháng 췬창) 치마 길이

背长 (bèicháng 뻬이창) 등, 길이

尺寸 (chǐcun 츠춘) 치수

肩宽 (jiānkuān 찌엔쿠안) 어깨너비

胸围 (xiōngwéi 시옹웨이) 가슴둘레

腰围 (yāowéi 야오웨이) 허리둘레

袖长 (xiùcháng 시우창) 소매길이

领子 (lǐngzi 링즈) 옷깃

袖子 (xiùzi 시우즈) 소매

下摆 (xiàbǎi 시아바이) 옷자락

裤脚儿 (kùjiǎor 쿠지아얼) 바짓가랑이

裤兜 (kùdōu 쿠떠우) 바지주머니

口袋 (kǒudai 커우따이) 호주머니

立裆 (lìdāng 리땅) 밑위길이

针 (zhēn 쩐) 바늘

线 (xiàn 시엔) 실

纽扣 (niǔkòu 니우커우) 단추

拉锁 (lāsuǒ 라쑤어) 자크

花样 (huāyàng 후아양) 무늬

鲜艳 (xiānyàn 시엔이엔) 화려한

净色 (jìngsè 찡쓰어) 무지

横条子 (héngtiáozi 헝티아오즈) 가로줄무늬

花格 (huāgé 후아그어) 체크무늬

式样 (shìyàng 스양) 디자인

朴素 (pǔsù 푸쑤) 수수한

 옷감

布料 (bùliào 뿌리아오) 옷감

棉布 (miánbù 미엔뿌) 면직물

麻布 (mábù 마뿌) 삼베

细麻布 (xìmábù 시마뿌) 모시

灯芯布 (dēngxīnbù 떵신뿌) 코르덴

毛料 (máoliào 마오리아오) 모직

羊绒 (yángróng 양롱) 캐시미어

天鹅绒 (tiān'éróng 티엔으어롱) 우단, 비로드 벨벳

丝绸 (sīchóu 쓰처우) 실크

缎子 (duànzi 뚜안즈) 단자, 새틴

化纤 (huàxiān 후아시엔) 화학섬유

尼龙 (nílóng 니룽) 나일론

涤纶 (dílún 디룬) 폴리에스테르

人造丝 (rénzàosī 런짜오쓰) 인조, 견사, 레이온

塑料 (sùliào 쑤리아오) 비닐 플라스틱

 장식품

服饰品 (fúshìpǐn 푸스핀) 장식품

首饰 (shǒushì 셔우스) 액세서리

珠宝 (zhūbǎo 주바오) 진주나 보석류

戒指 (jièzhi 찌에즈) 반지

订婚戒指 (dìnghūnjièzhi 띵훈찌에즈) 약혼반지

结婚戒指 (jiéhūnjièzhi 지에훈찌에즈) 결혼반지

生日戒指 (shēngrìjièzhi 성르찌에즈) 생일반지

项链 (xiàngliàn 시앙리엔) 목걸이

耳环 (ěrhuán 얼후안) 귀걸이

耳坠 (ěrzhuì 얼쭈에이) 피어스

镯子 (zhuózi 주어즈) 팔찌

胸针 (xiōngzhēn 시옹쩐) 브로치

天然宝石 (tiānránbǎoshí 티엔란바오스) 천연석

红宝石 (hóngbǎoshí 홍바오스) 루비

蓝宝石 (lánbǎoshí 란바오스) 사파이어

蛋白石 (dànbáishí 딴바이스) 단백석, 오팔

珊瑚 (shānhú 샨후) 산호

琥珀 (hǔpò 후포어) 호박

玛瑙 (mǎnǎo 마나오) 마노

象牙 (xiàngyá 시앙야) 상아

发夹 (fàjiá 파지아) 머리핀

发带 (fàdài 파따이) 리본

发箍 (fàgū 파꾸) 헤어밴드

头巾 (tóujīn 터우찐) 스카프

领巾 (lǐngjīn 링찐) 네커치프

围巾 (wéijīn 웨이찐) 머플러

披肩 (pījiān 피찌엔) 숄

面纱 (miànshā 미엔샤) 면사포

领带 (lǐngdài 링따이) 넥타이

领结 (lǐngjié 링지에) 나비넥타이

领针 (lǐngzhēn 링쩐) 넥타이핀

袖扣儿 (xiùkòur 시우커우얼) 커프스단추

皮带 (pídài 피따이) 벨트

背带 (bèidài 뻬이따이) 멜빵

裤腰带 (kùyāodài 쿠야오따이) 허리띠, 밴드

松紧带 (sōngjǐndài 쏭진따이) 고무줄

화장품

化妆品 (huàzhuāngpǐn 후아쭈앙핀) 화장품

面膜 (miànmó 미엔모어) 팩

眉笔 (méibǐ 메이비) 아이브라우펜슬

眼线笔 (yánxiànbǐ 이엔시엔비) 아이라인

眼影笔 (yǎnyǐngbǐ 이엔잉비) 아이섀도브러시

眼影粉 (yǎnyǐngfěn 이엔잉펀) 아이섀도

假睫毛 (jiǎjiémáo 지아지에마오) 가짜 속눈썹

睫毛刷 (jiémáoshuā 지에마오수아) 마스카라용 브러시

睫毛油 (jiémáoyóu 지에마오여우) 마스카라

粉盒儿 (fěnhér 펀흐얼) 콤팩트

粉扑儿 (fěnpūr 펀푸얼) 퍼프 분첩

粉底霜 (fěndǐshuāng 펀디수앙) 파운데이션

粉饼 (fěnbǐng 펀빙) 분

香粉 (xiāngfěn 시앙펀) 파우더

香水 (xīangshuǐ 시앙수에이) 향수

花露水 (huālùshuǐ 후아루수에이) 에센스

奶液 (nǎiyè 나이이에) 로션

冷霜 (lěngshuāng 렁수앙) 콜드크림

护肤霜 (hùfūshuāng 후푸수앙) 크림

擦手霜 (cāshǒushuāng 차서우수앙) 핸드크림

卸妆霜 (xièzhuāngshuāng 시에쭈앙수앙) 클렌징크림

洗面霜 (xǐmiànshuāng 시미엔수앙) 폼 클렌징

胭脂刷 (yānzhīshuā 이엔즈수아) 볼터치 브러시

口红 (kǒuhóng 커우훙) 립스틱

口红笔 (kǒuhóngbǐ 커우훙비) 립브러시

指甲刀 (zhǐjiadāo 즈지아따오) 손톱깎이

指甲锉 (zhǐjiacuò 즈지아추어) 손톱줄

指甲刷 (zhǐjiashuā 즈지아수아) 매니큐어 브러시

指甲油 (zhǐjiayóu 즈지아여우) 매니큐어

指甲水 (zhǐjiashuǐ 즈지아수에이) 아세톤

 헤어스타일

理发馆 (lǐfàguǎn 리파구안) 이발관

美发厅 (měifàtīng 메이파팅) 미용실

理发师 (lǐfàshī 리파스) 이발사

美发师 (měifàshī 메이파스) 미용사

理发椅 (lǐfàyǐ 리파이) 이발의자

理发镜 (lǐfàjìng 리파찡) 이발거울

推剪 (tuījiǎn 투에이지엔) 바리캉

电动推剪 (diàndòngtuījiǎn 띠엔똥투에이지엔)
　　　　전기바리캉

理发剪刀 (lǐfàjiǎndāo 리파지엔따오) 이발가위

剃刀 (tìdāo 티다오) 면도칼

梳子 (shūzi 수즈) 머리빗

吹风机 (chuīfēngjī 추에이펑찌) 헤어드라이어

吹风 (chuīfēng 추에이펑) 드라이어로 머리를 말리다

洗头 (xǐtóu 시터우) 샴푸하다

理发 (lǐfà 리파) 이발하다

剪发 (jiǎnfà 지엔파) 이발하다

做头发 (zuòtóufa 쭈어터우파) 머리를 손질하다

烫发 (tàngfà 탕파) 파마

假发 (jiǎfà 지아파) 가발

发型 (fàxíng 파싱) 헤어스타일

背头 (bèitóu 뻬이터우) 올백

平头 (píngtóu 핑터우) 스포츠머리

圆头 (yuántóu 위엔터우) 바가지머리

边分 (biānfēn 삐엔펀) 옆 가리마

光头 (guāngtóu 꾸앙터우) 빡빡 깎은 머리 대머리

短发 (duǎnfà 두안파) 단발

长发 (chángfà 창파) 롱헤어

辫子 (biànzi 삐엔즈) 땋은 머리 변발

洗发精 (xǐfàjìng 시파찡) 샴푸

护发素 (hùfàsù 후파쑤) 린스

发乳 (fàrǔ 파루) 헤어크림

发蜡 (fàlà 파라) 헤어왁스 포마드

喷发剂 (pēnfàjì 펀파찌) 헤어스프레이

生发液 (shēngfàyè 성파이에) 발모제

护发香水 (hùfàxiāngshuǐ 후파시앙수에이) 헤어토닉

染发 (rǎnfà 란파) 염색하다

摩丝 (mósī 모쓰) 무스

发胶 (fàjiāo 파찌아오) 헤어젤

 일용품

扇子 (shànzi 샨즈) 부채

纸扇 (zhǐshàn 즈샨) 종이부채

折扇 (zhéshàn 저산) 접부채

伞 (sǎn 싼) 우산

阳伞 (yángsǎn 양싼) 양산, 파라솔

雨伞 (yǔsǎn 위싼) 우산

折叠伞 (zhédiésǎn 저디에싼) 접이우산

纸伞 (zhǐsǎn 즈싼) 종이우산

大遮阳伞 (dàzhēyángsǎn 따저양싼) 비치파라솔

自动伞 (zìdòngsǎn 쯔똥싼) 자동우산

眼镜 (yǎnjìng 이엔찡) 안경

隐形眼镜 (yǐnxíngyǎnjìng 인싱이엔찡) 콘택트렌즈

太阳镜 (tàiyángjìng 타이양찡) 선글라스

花镜 (huājìng 후아찡) 돋보기 안경

放大镜 (fàngdàjìng 팡따찡) 확대경

镜架 (jìngjià 찡찌아) 안경테

眼镜盒 (yǎnjìnghé 이엔찡흐어) 안경집

钟表 (zhōngbiǎo 쫑비아오) 시계

手表 (shǒubiǎo 셔우비아오) 손목시계

数字手表 (shùzìshǒubiǎo 수쯔셔우비아오) 디지털시계

怀表 (huáibiǎo 후아이비아오) 회중시계

坤表 (kūnbiǎo 쿤비아오) 여성용 손목시계

秒表 (miǎobiǎo 미아오비아오) 스톱워치

电子表 (diànzǐbiǎo 띠엔즈비아오) 전자시계

日历手表 (rìlìshǒubiǎo 르리셔우비아오) 달력시계

闹钟 (nàozhōng 나오쫑) 알람시계

座钟 (zuòzhōng) 탁상시계

挂钟 (guàzhōng 쭈어쫑) 벽걸이시계

摆钟 (bǎizhōng 바이쫑) 추시계

帽子 (màozi 마오즈) 모자

毡帽 (zhānmào 짠마오) 중절모

鸭舌帽 (yāshémào 야셔마오) 헌팅캡 사냥 모자

太阳帽 (tàiyángmào 타이양마오) 선바이저

安全帽 (ānquánmào 안추엔마오) 헬멧

游泳帽 (yóuyǒngmào 여우용마오) 수영모

草帽 (cǎomào 차오마오) 밀짚모

手套 (shǒutào 셔우타오) 장갑

皮手套 (píshǒutào 피셔우타오) 가죽장갑

毛线手套 (máoxiànshǒutào 마오시엔셔우타오) 털장갑

线手套 (xiànshǒutào 시엔셔우타오) 면장갑

工作手套 (gōngzuòshǒutào 꽁쭈어셔우타오) 면장갑

无指手套 (wúzhǐshǒutào 우즈셔우타오) 벙어리장갑

钱包 (qiánbāo 치엔빠오) 지갑

皮夹子 (píjiāzi 피찌아즈) 가죽지갑

名片夹 (míngpiànjiā 밍피엔찌아) 명함집

钥匙圈儿 (yàoshiquānr 야오스취알) 열쇠고리

鞋拔子 (xiébázi 시에바즈) 구둣주걱

打火机 (dǎhuǒjī 다후어찌) 라이터

助听器 (zhùtīngqì 쭈팅치) 보청기

皮带 (pídài 피따이) 가죽밸트

背带 (bèidài 뻬이따이) 멜빵

烟缸 (yāngāng 이엔깡) 재떨이

手电筒 (shǒudiàntǒng 셔우띠엔통) 회중전등

电动刮脸刀 (diàndòngguāliǎndāo 띠엔동꾸아리엔따오) 전기면도기

手杖 (shǒuzhàng 셔우짱) 지팡이

提包 (tíbāo 티빠오) 핸드백

手提包 (shǒutíbāo 셔우티빠오) 핸드백

肩包 (jiānbāo 찌엔빠오) 숄더백

背包 (bēibāo 뻬이빠오) 배낭

皮包 (píbāo 피빠오) 가죽가방

旅行包 (lǚxíngbāo 뤼싱빠오) 여행용가방

皮箱 (píxiāng 피시앙) 트렁크

旅行箱 (lǚxíngxiāng 뤼싱시앙) 수투케이스

书包 (shūbāo 수빠오) 책가방

纸袋 (zhǐdài 즈따이) 종이봉지

布袋 (bùdài 뿌따이) 포대

塑料袋 (sùliàodài 쑤리아오따이) 비닐봉지

蓝子 (lánzi 란즈) 바구니

PART 03

먹는 것

식사
식당
육고기
곡류
야채
과일
조리법
조미료
디저트
술
차와 음료

식사와 관련된 그림 단어

1. 牛肉 niúròu 쇠고기
2. 蛋糕 dàngāo 케이크
3. 乳酪 rǔlào 치즈
4. 炸鸡 zhájī 치킨
5. 碟子 diézi 접시
6. 水果 shuǐguǒ 과일
7. 玻璃杯 bōlibēi 유리잔
8. 冰淇淋 bīngqílín 아이스크림
9. 牛奶 niúnǎi 우유
10. 馅饼 xiànbǐng 파이
11. 米饭 mǐfàn 밥
12. 勺子 sháozi 숟가락
13. 啤酒 píjiǔ 맥주
14. 咖啡 kāfēi 커피
15. 杯子 bēizi 컵
16. 叉子 chāzi 포크
17. 果汁 guǒzhī 주스
18. 餐刀 cāndāo 나이프
19. 红茶 hóngchá 홍차
20. 蔬菜 shūcài 야채
21. 水 shuǐ 물
22. 葡萄酒 pútáojiǔ 와인

식사

早饭 (zǎofàn 자오판) 아침밥

午饭 (wǔfàn 우판) 점심밥

晚饭 (wǎnfàn 완판) 저녁밥

点心 (diǎnxīn 디엔신) 간식

小吃 (xiǎochī 시아오츠) 스낵

菜肴 (càiyáo 차이야오) 요리 반찬

餐 (cān 찬) 요리 식사

点菜 (diǎncài 디엔차이) (음식을) 주문하다

夜餐 (yècān 이에찬) 밤참 야식

茶点 (chádiǎn 차디엔) 다과

摊子 (tānzi 탄즈) 노점

菜单 (càidān 차이딴) 식단 메뉴

好吃 (hǎochī 하오츠) 맛있다

不好吃 (bùhǎochī 뿌하오츠) 맛없다

口渴 (kǒukě 커우크어) 목이 마르다

香 (xiāng 시앙) 향기롭다

甜 (tián 티엔) 달다

苦 (kǔ 쿠) 쓰다

淡 (dàn 딴) 싱겁다

咸 (xián 시엔) 짜다

辣 (là 라) 맵다

酸 (suān 쑤안) 시다

腥 (xīng 싱) 비리다

식당

小酒馆 (xiǎojiǔguǎn 시아오지우구안) 선술집

酒吧 (jiǔbā 지우빠) 바

酒家 (jiǔjiā 지우찌아) 요정

酒店 (jiǔdiàn 지우띠엔) 술집

饭馆儿 (fànguǎnr 판구알) 식당

餐馆 (cānguǎn 찬구안) 요릿집

餐厅 (cāntīng 찬팅) 식당 레스토랑

快餐厅 (kuàicāntīng 쿠아이찬팅) 패스트푸드점

小吃店 (xiǎochīdiàn 시아오츠띠엔) 간이음식점

摊档 (tāndàng 탄땅) 포장마차

面馆 (miànguǎn 미엔구안) 국수집

茶馆儿 (茶亭) (cháguǎnr 차구알)(chátíng 차팅) 찻집

茶摊儿 (chátānr 차타알) 야외찻집

咖啡馆儿 (kāfēiguǎnr 카페이구알) 커피숍

冷饮店 (lěngyǐndiàn 렁인띠엔) 음료수가게

 육고기

牛肉 (niúròu 니우러우) 쇠고기

猪肉 (zhūròu 쭈러우) 돼지고기

鸡肉 (jīròu 찌러우) 닭고기

羊肉 (yángròu 양러우) 양고기

排骨 (páigǔ 파이구) 갈비

 곡류

大米 (dàmǐ 따미) 쌀

大麦 (dàmài 따마이) 보리

小麦 (xiǎomài 시아오마이) 밀

玉米 (yùmǐ 위미) 옥수수

大豆 (dàdòu 따떠우) 콩

落花生 (luòhuāshēng 루어후아셩) 땅콩

 야채

蔬菜 (shūcài 수차이) 야채

葱 (cōng 총) 파

洋葱 (yángcōng 양총) 양파

蒜 (suàn 쑤안) 마늘

姜 (jiāng 찌앙) 생강

辣椒 (làjiāo 라찌아오) 고추

茄子 (qiézǐ 치에즈) 가지

黄瓜 (huángguā 후앙꾸아) 오이

南瓜 (nánguā 난꾸아) 호박

菠菜 (bōcài 뽀어차이) 시금치

白菜 (báicài 바이차이) 배추

萝卜 (luóbo 루어뽀어) 무

土豆 (tǔdòu 투떠우) 감자

白薯 (báishǔ 바이수) 고구마

豆芽儿 (dòuyár 떠우야) 콩나물

 과일

水果 (shuǐguǒ 수에이구어) 과일

苹果 (píngguǒ 핑구어) 사과

梨子 (lízi 리즈) 배

橙子 (chéngzi 청즈) 오렌지

香蕉 (xiāngjiāo 시앙찌아오) 바나나

桃子 (táozi 타오즈) 복숭아

西瓜 (xīguā 시꾸아) 수박

甜瓜 (tiánguā 티엔꾸아) 참외

杏子 (xìngzi 싱즈) 살구

梅子 (méizi 메이즈) 매실

葡萄 (pútáo 푸타오) 포도

草莓 (cǎoméi 차오메이) 딸기

 조리법

煮 (zhǔ 주) 삶다

炖 (dùn 뚠) 약한 불로 삶다

炒 (chǎo 차오) 볶다

爆 (bào 빠오) 강한 불로 빠르게 볶다

炸 (zhà 쨔) 튀기다

烹 (pēng 펑) 기름에 볶아 조미료를 치다

煎 (jiān 찌엔) 기름을 빼고 볶다

烧 (shāo 샤오) 가열하다

蒸 (zhēng 쩡) 찌다

拌 (bàn 빤) 무치다

烤 (kǎo 카오) 굽다

砂锅 (shāguō 샤꾸어) 질냄비에 삶다

溜 (liū 리우) 양념장을 얹다

烩 (huì 후에이) 삶아 양념장에 얹다

 조미료

味精 (wèijīng 웨이찡) 조미료

酱油 (jiàngyóu 찌앙여우) 간장

酱 (jiàng 찌앙) 된장

盐 (yán 이엔) 소금

糖 (táng 탕) 설탕

醋 (cù 추) 식초

胡椒 (hújiāo 후찌아오) 후추

芥末 (jièmò 찌에모어) 겨자

生姜 (shēngjiāng 성찌앙) 생강

辣椒 (làjiāo 라찌아오) 고추

 디저트

点心 (diǎnxīn 디엔신) 디저트

零食 (língshí 링스) 간식

茶点 (chádiǎn 차디엔) 차와 과자

西点 (xīdiǎn 시디엔) 양과자 케이크

糖果 (tángguǒ 탕구어) 과자의 총칭

熟菜 (shúcài 수차이) 익힌 요리

小菜 (xiǎocài 시아오차이) 간단한 반찬

月饼 (yuèbǐng 위에빙) 월병

年糕 (niángāo 니엔까오) 설날에 먹는 찰떡

蛋糕 (dāngāo 딴까오) 카스텔라

饼干 (bǐnggān 빙깐) 비스킷

咸饼干 (xiánbǐnggān 시엔빙깐) 크래커

巧克力 (qiǎokèlì 치아오크러리) 초콜릿

碎巧克力饼干 (suìqiǎokèlìbǐnggān) 초콜릿칩쿠키

奶糖 (nǎitáng 나이탕) 밀크캐러멀

水果糖 (shuǐguǒtáng 수에이구어탕) 드롭

口香糖 (kǒuxiāngtáng 커우시앙탕) 껌

玉米花儿 (yùmǐhuār 위미화알) 팝콘

 술

白酒 (báijiǔ 바이지우) 중국술의 속칭

黄酒 (huángjiǔ 후앙지우) 조제주의 총칭

老酒 (lǎojiǔ 라오지우) 조제주의 속칭

绍兴酒 (shàoxīngjiǔ 샤오싱지우) 소흥주, 老酒의 대표격

果子酒 (guǒzijiǔ 구어즈지우) 과일주

葡萄酒 (pútaojiǔ 푸타오지우) 포도주, 와인

药酒 (yàojiǔ 야오지우) 약술

人参酒 (rénshēnjiǔ 런션지우) 인삼주

啤酒 (píjiǔ 피지우) 맥주

扎啤 (zhāpí 자피) 생맥주

清酒 (qīngjiǔ 칭지우) 청주

洋酒 (yángjiǔ 양지우) 양주

白兰地 (báilándì 바이란띠) 브란데

威士忌 (wēishìjì 웨이스찌) 위스키

茅台酒 (máotáijiǔ 마오타이지우) 마오타이주

啤酒花 (píjiǔhuā 피지우후아) 호프

 차와 음료

绿茶 (lǜchá 뤼차) 녹차

龙井茶 (lóngjǐngchá 롱징차) 용정차

青茶 (qīngchá 칭차) 녹차

乌龙茶 (wūlóngchá 우롱차) 우롱차

黑茶 (hēichá 헤이차) 흑차

普洱茶 (pǔ'ěrchá 푸얼차) 보이차

红茶 (hóngchá 홍차) 홍차

花茶 (huāchá 후아차) 꽃차

茉莉花茶 (mòlìhuāchá 모리후아차) 자스민차

茶庄 (cházhuāng 차쭈앙) 찻잎 판매점

茶馆 (cháguǎn 차구안) 찻집

茶迷 (chámí 차미) 차 마니아

茶谱 (chápǔ 차푸) 차 메뉴

茶叶 (cháyè 차이에) 찻잎

袋泡茶 (dàipàochá 따이파오차) 티백

茶具 (chájù 차쮜) 다구

茶几 (chájī 차찌) 티테이블

茶叶筒 (cháyètǒng 차이에통) 찻잎통

茶壶 (cháhú 차후) 찻주전자

水壶 (shuǐhú 수에이후) 물주전자

茶杯 (chábēi 차뻬이) 찻잔

茶匙 (cháchí 차츠) 찻숟가락

茶会 (cháhuì 차후에이) 다과회

沏茶 (qīchá 치차) 차를 우리다

冲茶 (chōngchá 총차) 차를 타다

倒茶 (dàochá 따오차) 차를 따르다

让茶 (ràngchá 랑차) 차를 권하다

喝茶 (hēchá 흐어차) 차를 마시다

矿泉水 (kuàngquánshuǐ 쿠앙취엔수에이) 생수

纯净水 (chúnjìngshuǐ 춘찡수에이) 정수

汽水 (qìshuǐ 치수에이) 사이다

运动饮料 (yùndòngyǐnliào 윈똥인리아오) 스포츠음료

麦乳精 (màirǔjīng 마이루찡) 보리음료

果汁 (guǒzhī 구어쯔) 과일 주스

咖啡 (kāfēi 카페이) 커피

冰咖啡 (bīngkāfēi 삥카페이) 냉커피

牛奶咖啡 (niúnǎikāfēi 니우나이카페이) 밀크커피

速溶咖啡 (sùróngkāfēi 쑤롱카페이) 인스턴트커피

可可 (kěkě 크어크어) 코코아

牛奶 (niúnǎi 니우나이) 우유

酸牛奶 (suānniúnǎi 쑤안니우나이) 요구르트

可乐 (kělè 크어러) 콜라

可口可乐 (kěkǒukělè 크어커우크어러) 코카콜라

橙汁 (chéngzhī 청쯔) 오렌지주스

西红柿汁 (xīhóngshìzhī 시홍스쯔) 토마토주스

苹果汁 (píngguǒzhī 핑구어쯔) 사과주스

PART 04

주거생활

가옥
가구와 침구
식기
생활용품
조명과 전기
가전제품
욕실
청소용품과 세탁
공구
여러 가지 의문사

주거와 관련된 그림 단어

- ❶ 床 chuáng 침대
- ❷ 书 shū 책
- ❸ 椅子 yǐzi 의자
- ❹ 闹钟 nàozhōng 자명종
- ❺ 书桌 shūzhuō 책상
- ❻ 台灯 táidēng 스탠드
- ❼ 笔 bǐ 펜
- ❽ 铅笔 qiānbǐ 연필
- ❾ 钢琴 gāngqín 피아노
- ❿ 沙发 shāfā 소파
- ⓫ 桌子 zhuōzi 테이블
- ⓬ 电视机 diànshìjī 텔레비전
- ⓭ 窗户 chuānghu 창문
- ⓮ 衣柜 yīguì 옷장
- ⓯ 电脑 diànnǎo 컴퓨터
- ⓰ 窗帘 chuānglián 커튼
- ⓱ 收音机 shōuyīnjī 라디오
- ⓲ 音响 yīnxiǎng 오디오
- ⓳ 火炉 huǒlú 스토브

가옥

房子 (fángzi 팡즈) 집

住宅 (zhùzhái 쭈자이) 주택

公寓 (gōngyù 꽁위) 아파트

大楼 (dàlóu 따러우) 빌딩

房间 (fángjiān 팡찌엔) 방

客厅 (kètīng 크어팅) 거실

起居室 (qǐjūshì 치쮜스) 리빙룸

书房 (shūfáng 수팡) 서재

卧房 (wòfáng 워팡) 침실

厨房 (chúfáng 추팡) 주방

餐厅 (cāntīng 찬팅) 다이닝룸

浴室 (yùshì 위스) 욕실

厕所 (cèsuǒ 츠어쑤어) 화장실

洗手间 (xǐshǒujiān 시셔우찌엔) 세면장

门口 (ménkǒu 먼커우) 입구, 현관

楼梯 (lóutī 러우티) 계단

门扇 (ménshàn 먼샨) 문짝

房号 (fánghào 팡하오) 호실

门牌 (ménpái 먼파이) 문패

邮箱 (yóuxiāng 여우시앙) 우편함

警眼 (jǐngyǎn 징이엔) 도어스코프

门铃 (ménlíng 먼링) 초인종

对讲机 (duìjiǎngjī 뚜에이지앙찌) 인터폰

电表 (diànbiǎo 띠엔비아오) 전기계량기

煤气表 (méiqìbiǎo 메이치비아오) 가스계량기

鞋柜 (xiéguì 시에꾸에이) 신발장

伞架 (sǎnjià 싼찌아) 우산꽂이

门把 (ménbà 먼빠) 문고리

钥匙 (yàoshi 야오스) 열쇠

推拉门 (tuīlāmén 투에이라먼) 미닫이문

壁橱 (bìchú 삐추) 벽장

窗户 (chuānghu 추앙후) 창문

窗帘 (chuānglián 추앙리엔) 커튼

帘子 (liánzi 리엔즈) 문발

天花板 (tiānhuābǎn 티엔후아반) 천장

地板 (dìbǎn 띠반) 마루 바닥

地毯 (dìtǎn 띠탄) 카펫

凉台 (liángtái 리앙타이) 베란다

阳台 (yángtái 양타이) 발코니

安全出口 (ānquánchūkǒu 안추엔추커우) 비상구

走廊 (zǒuláng 조우랑) 복도

后门 (hòumén 허우먼) 뒷문

旁门 (pángmén 팡먼) 옆문

车库 (chēkù 처쿠) 차고

外墙 (wàiqiáng 와이치앙) 벽

库房 (kùfáng 쿠팡) 창고

房檐 (fángyán 팡이엔) 처마

屋顶 (wūdǐng 우딩) 지붕

院子 (yuànzi 위엔즈) 마당

庭园 (tíngyuán 팅위엔) 정원

树篱 (shùlí 수리) 울타리

观赏石 (guānshǎngshí 꾸안샹스) 정원석

喷泉 (pēnquán 펀취엔) 분수

水池 (shuǐchí 수에이츠) 연못

楼上 (lóushàng 러우샹) 위층

楼下 (lóuxià 러우시아) 아래층

电梯 diàntī 띠엔티) 엘리베이터

 가구와 침구

家具 (jiājù 찌아쮜) 가구

桌子 (zhuōzi 쭈어즈) 탁자

椅子 (yǐzi 이즈) 의자

沙发 (shāfā 샤파) 소파

床 (chuáng 추앙) 침대

被子 (bèizi 뻬이즈) 이불

褥子 (rùzi 루즈) 요

枕头 (zhěntóu 전터우) 베개

 식기

餐具 (cānjù 찬쮜) 식기

碗 (wǎn 완) 주발

盘子 (pánzi 판즈) 쟁반

碟子 (diézi 디에즈) 접시

筷子 (kuàizi 쿠아이즈) 젓가락

匙子 (chízi 츠즈) 숟가락

勺子 (sháozi 샤오즈) 국자

餐刀 (cāndāo 찬따오) 부엌칼

菜刀 (càidāo 차이따오) 요리용 칼

菜板 (càibǎn 차이반) 도마

茶杯 (chábēi 차뻬이) 찻잔

锅 (guō 꾸어) 냄비

 생활용품

牙刷 (yáshuā 야수아) 칫솔

牙膏 (yágāo 야까오) 치약

脸盆 (liǎnpén 리엔펀) 세숫대야

肥皂 (féizào 페이짜오) 비누

香皂 (xiāngzào 시앙짜오) 세숫비누

洗衣粉 (xǐyīfěn 시이펀) 세제

镜子 (jìngzi 찡즈) 거울

梳子 (shūzi 수즈) 빗

剪刀 (jiǎndāo 지엔따오) 가위

指甲刀 (zhǐjiǎdāo 즈지아따오) 손톱깎이

雨伞 (yǔsǎn 위싼) 우산

钱包 (qiánbāo 치엔빠오) 지갑

钥匙 (yàoshi 야오스) 열쇠

钟表 (zhōngbiǎo 쫑비아오) 시계

眼镜 (yǎnjìng 이엔찡) 안경

火柴 (huǒchái 후어차이) 성냥

打火机 (dǎhuǒjī 다후어찌) 라이터

 조명과 전기

蜡烛 (làzhú 라주) 양초

灯笼 (dēnglóng 떵롱) 초롱

汽灯 (qìdēng 치떵) 가스등

煤油灯 (méiyóudēng 메이여우떵) 석유램프

荧光灯 (yíngguāngdēng 잉꾸앙떵) 형광등

顶灯 (dǐngdēng 딩떵) 천정등

吊灯 (diàodēng 띠아오떵) 펜던트등

枝形吊灯 (zhīxíngdiàodēng 쯔싱띠아오떵) 샹들리에

手电筒 (shǒudiàntǒng 셔우띠엔통) 회중전등

干电池 (gāndiànchí 깐띠엔츠) 건전지

灯泡 (dēngpào 떵파오) 전구

开关 (kāiguān 카이꾸안) 스위치

插座 (chāzuò 차쭈어) 콘센트

火炉 (huǒlú 후어루) 스토브

热风机 (rèfēngjī 르어펑찌) 히터

가전제품

家电 (jiādiàn 찌아띠엔) 가전제품

插座 (chāzuò 차쭈어) 콘센트

插头 (chātóu 차터우) 플러그

软线 (ruǎnxiàn 루안시엔) 코드

开关 (kāiguān 카이꾸안) 스위치

电视(机) (diànshì(jī) 띠엔스(찌)) 텔레비전

遥控 (yáokòng 야오콩) 리모컨

04

摄像机 (shèxiàngjī 셔시앙찌) 비디오카메라

录像带 (lùxiàngdài 루시앙따이) 비디오테이프

立体声 (lìtǐshēng 리티셩) 스테레오

耳机 (ěrjī 얼찌) 헤드폰

空调 (kōngtiáo 콩티아오) 에어컨

电风扇 (diànfēngshàn 띠엔펑샨) 선풍기

吸尘器 (xīchénqì 시천치) 청소기

洗衣机 (xǐyījī 시이찌) 세탁기

干燥器 (gānzàoqì 깐짜오치) 건조기

吹风机 (chuīfēngjī 추에이펑찌) 드라이어

熨斗 (yùndǒu 윈더우) 다리미

冰箱 (bīngxiāng 삥시앙) 냉장고

冷藏室 (lěngcángshì 렁창스) 냉동실

微波炉 (wēibōlú 웨이뽀어루) 전자레인지

烤箱 (kǎoxiāng 카오시앙) 오븐

烤面包器 (kǎomiànbāoqì 카오미엔빠오치) 토스터

욕실

自来水管 (zìláishuǐguǎn 쯔라이수에이관) 수도관

水龙头 (shuǐlóngtóu 수에이롱터우) 수도꼭지

澡盆 (zǎopén 자오펀) 욕조

排水口 (páishuǐkǒu 파이수에이커우) 배수구

洗脸池 (xǐliǎnchí 시리엔츠) 세면대

毛巾架 (máojīnjià 마오찐찌아) 수건걸이

毛巾 (máojīn 마오찐) 수건

浴巾 (yùjīn 위찐) 목욕수건

刮脸刀 (guāliǎndāo 꾸아리엔따오) 면도칼

镜子 (jìngzi 찡즈) 거울

坐式便器 (zuòshìbiànqì 쭈어스삐엔치) 좌변기

卫生纸 (wèishēngzhǐ 웨이셩즈) 화장지

청소용품과 세탁

扫帚 (sàozhou 싸오저우) 빗자루

簸箕 (bòji 뽀어지) 쓰레받기

抹布 (mābù 마뿌) 걸레

拖把 (tuōbǎ 투어바) 밀걸레

水桶 (shuǐtǒng 수에이통) 물통

吸尘器 (xīchénqì 시천치) 청소기

洗洁精 (xǐjiéjīng 시지에찡) 주방용 세제

洗衣粉 (xǐyīfěn 시이펀) 세재

漂白剂 (piāobáijì 피아오바이찌) 표백제

洗衣机 (xǐyījī 시이찌) 세탁기

晾衣杆 (liàngyīgān 리앙이깐) 빨래건조대

衣服夹子 (yīfujiāzi 이푸찌아즈) 빨래집게

电熨斗 (diànyùndǒu 띠엔윈더우) 다리미

垃圾箱 (lājīxiāng 라지시앙) 쓰레기통

蚊香 (wénxiāng 원시앙) 모기향

 공구

铁槌 (tiěchuí 티에추에이) 망치

锯子 (jùzi 쮜즈) 톱

凿子 (záozi 자오즈) 끌

刨子 (páozi 파오즈) 대패

钻子 (zuānzi 쭈안즈) 드릴

电钻 (diànzuān 띠엔쭈안) 전기드릴

锉刀 (cuòdāo 추어따오) 줄

钢卷尺 (gāngjuǎnchǐ 깡쥐엔츠) 줄자

钳子 (qiánzi 치엔즈) 펜치

扳手 (bānshǒu 빤셔우) 스패너

螺丝刀 (luósīdāo 루어쓰따오) 드라이버

斜口钳 (xiékǒuqián 시에커우치엔) 니퍼

PART 05

인체와 건강

신체
병의 증상
병과 부상
병원
약국과 약

인체와 관련된 그림 단어

① 头 tóu 머리
② 胸 xiōng 가슴
③ 肩膀 jiānbǎng 어깨
④ 肚子 dùzi 배
⑤ 臀部 túnbù 엉덩이
⑥ 头发 tóufa 머리카락
⑦ 眼睛 yǎnjīng 눈
⑧ 眉毛 méimáo 눈썹
⑨ 背 bèi 등
⑩ 嘴 zuǐ 입
⑪ 颜 yán 얼굴
⑫ 脸颊 liǎnjiá 볼
⑬ 脖子 bózi 목
⑭ 额头 étóu 이마
⑮ 耳朵 ěrduo 귀
⑯ 鼻子 bízi 코
⑰ 颚 è 턱
⑱ 手指 shǒuzhǐ 손가락
⑲ 爪 zhǎo 손톱
⑳ 爪 zhǎo 팔
㉑ 手 shǒu 손
㉒ 肘 zhǒu 팔꿈치
㉓ 脚指 jiǎozhǐ 발가락
㉔ 膝盖 xīgài 무릎
㉕ 脚跟 jiǎogēn 발뒤꿈치
㉖ 脚 jiǎo 다리
㉗ 足 zú 발

신체

身体 (shēntǐ 션티) 몸

头 (tóu 터우) 머리

额头 (étóu 으어터우) 이마

眉毛 (méimáo 메이마오) 눈썹

眼睛 (yǎnjīng 이엔찡) 눈

鼻子 (bízi 비즈) 코

耳朵 (ěrduo 얼두어) 귀

嘴 (zuǐ 주에이) 입

脖子 (bózi 보어즈) 목

喉咙 (hóulóng 허우롱) 목구멍

肚子 (dùzi 뚜즈) 배

肚脐 (dùqí 뚜치) 배꼽

少腹 (shàofù 샤오푸) 아랫배

腰 (yāo 야오) 허리

肩膀 (jiānbǎng 찌엔방) 어깨

肘 (zhǒu 저우) 팔꿈치

手腕 (shǒuwàn 셔우완) 손목

手指 (shǒuzhǐ 셔우즈) 손가락

手 (shǒu 셔우) 손

脚 (jiǎo 지아오) 다리

膝盖 (xīgài 시까이) 무릎

臀部 (túnbù 툰뿌) 엉덩이

大腿 (dàtuǐ 따투에이) 허벅지

脚腕 (jiǎowàn 지아오완) 발목

脚尖 (jiǎojiān 지아오찌엔) 발끝

병의 증상

流鼻涕 (liúbítì 리우비티) 콧물이 나오다

打喷嚏 (dǎpēntì 다펀티) 재채기를 하다

鼻塞 (bísè 비쓰어) 코가 막히다

发哑 (fāyǎ 파야) 목소리가 쉬다

嗓子疼 (sǎngziténg 쌍즈텅) 목이 아프다

鼻子发酸 (bízifāsuān 비즈파쑤안) 코가 시큰거리다

心口发闷 (xīnkǒufāmēn 신커우파먼) 가슴이 답답하다

头发沉 (tóufāchén 터우파천) 머리가 무겁다

发喘 (fāchuǎn 파추안) 헐떡거리다

嗓子发干 (sǎngzifāgān 쌍즈파깐) 목이 마르다

眼睛发花 (yǎnjīngfāhuā 이엔징파후아) 눈이 흐리다

头晕 (tóuyūn 터우윈) 현기증이 나다

烧心 (shāoxīn 샤오신) 위(속)쓰림병

发冷 (fālěng 파렁) 오한이 들다

发抖 (fādǒu 파더우) 몸을 떨다

恶心 (ěxīn 으어신) 메스껍다

手发麻 (shǒufāmá 셔우파마) 손이 저리다

两腿发木 (liǎngtuǐfāmù 리앙투에이파무) 다리가 굳어지다

呕吐 (ǒutǔ 어우투) 토하다

发痒 (fāyǎng 파양) 가렵다

发炎 (fāyán 파이엔) 염증이 생기다

化脓 (huànóng 후아농) 곪다

肚子发胀 (dùzifāzhàng 뚜즈파짱) 배가 거북하다

发烧 (fāshāo 파샤오) 열이 나다

拉肚子 (lādùzi 라뚜즈) 설사

肚子疼 (dùziténg 뚜즈텅) 배가 아프다

胃疼 (wèiténg 웨이텅) 위가 쓰리다

胃口不好 (wèikǒubùhǎo 웨이커우부하오) 식욕이 없다

浑身无力 (húnshēnwúlì 훈션우리) 몸이 나른하다

没劲 (méijìn 메이찐) 힘이 없다

牙疼 (yáténg 야텅) 이가 아프다

背疼 (bèiténg 뻬이텅) 등(허리)이 아프다

肩膀发酸 (jiānbǎngfāsuān 찌엔방파쑤안) 어깨가 결리다

腿酸 (tuǐsuān 투에이쑤안) 다리가 시큰하다

便秘 (biànmì 삐엔미) 변비

月经不调 (yuèjīngbùtiáo 위에찡뿌티아오) 월경불순

痛经 (tòngjīng 통찡) 생리통

头疼 (tóuténg 터우텅) 두통이 나다

不舒服 (bùshūfu 뿌수푸) 몸이 안 좋다

出凉汗 (chūliánghàn 추리양한) 식은땀을 흘리다

耳鸣 (ěrmíng 얼밍) 귀가 울리다

烦躁 (fánzào 판짜오) 초조하다

疼痛 (téngtòng 텅통) 동통 아프다

剧痛 (jùtòng 쮜통) 몹시 아프다

 병과 부상

切伤 (qiēshāng 치에샹) 베인 상처

烧伤 (shāoshāng 샤오샹) 화상

烫伤 (tàngshāng 탕샹) 뜨거운 물에 데다

冻伤 (dòngshāng 똥샹) 동상에 걸리다

碰伤 (pèngshāng 펑샹) 타박상을 입다

跌伤 (diēshāng 띠에샹) 넘어져 다치다

扭伤 (niǔshāng 니우샹) 삐끗하다

闪腰 (shǎnyāo 샨야오) 허리를 삐끗하다

骨折 (gǔzhé 구저) 골절되다

感冒 (gǎnmào 간마오) 감기

流行性感冒 (liúxíngxìnggǎnmào 리우싱싱간마오) 인플루엔자

过敏症 (guòmǐnzhèng 꾸어민쩡) 알레르기

特应性皮炎 (tèyìngxìngpíyán 트어잉싱피이엔) 아토피성피부염

脚癣 (jiǎoxuǎn 지아오쉬엔) 무좀

气喘 (qìchuǎn 치추안) 천식

阑尾炎 (lánwěiyán 란웨이이엔) 맹장염

厌食症 (yànshízhèng 이엔스쩡) 거식증

孤独症 (gūdúzhèng 꾸두쩡) 자폐증

风湿病 (fēngshībìng 펑스삥) 류머티즘

支气管炎 (zhīqìguǎnyán 쯔치구안이엔) 기관지염

扁桃腺炎 (biǎntáoxiànyán 비엔타오시엔이엔) 편도선염

肺炎 (fèiyán 페이이엔) 폐렴

胃溃疡 (wèikuìyáng 웨이쿠에이양) 위궤양

癌症 (áizhèng 아이쩡) 암

甲肝 (jiǎgān 지아깐) A형간염

乙肝 (yǐgān 이깐) B형간염

肝硬化 (gānyìnghuà 깐잉후아) 간경화

艾滋病 (àizībìng 아이쯔삥) 에이즈

非典 (fēidiǎn 페이디엔) 사스

性病 (xìngbìng 싱삥) 성병

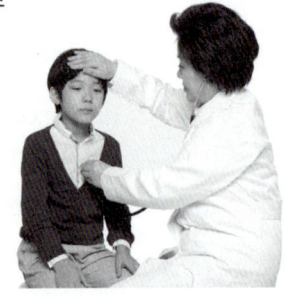

痔疮 (zhìchuāng 쯔추앙) 치질

心脏病 (xīnzàngbìng 신짱삥) 심장병

白血病 (báixuěbìng 바이쉬에삥) 백혈병

过敏性鼻炎 (guòmǐnxìngbíyán 꾸어민싱비이엔) 알레르기성비염

痛风 (tòngfēng 통펑) 통풍

糖尿病 (tángniàobìng 탕니아오삥) 당뇨병

中风 (zhòngfēng 쫑펑) 뇌졸중

脑梗塞 (nǎogěngsè 나오겅쓰어) 뇌경색

麻疹 (mázhěn 마전) 홍역

麻风 (máfēng 마펑) 나병

帕金森氏病 (pàjīnsēnshìbìng 파찐썬스삥) 파킨스병

阿耳茨海默病 (ā'ěrcíhǎimòbìng 아얼츠하이모어삥) 알츠하이머병

白内障 (báinèizhàng 바이네이짱) 백내장

青光眼 (qīngguāngyǎn 칭꾸앙이엔) 녹내장

结核病 (jiěhébìng 지에흐어삥) 결핵

 병원

医院 (yīyuàn 이위엔) 병원

病院 (bìngyuàn 삥위엔) 전문병원

综合医院 (zōnghéyīyuàn 쫑흐어이위엔) 종합병원

大学附属医院 (dàxuéfùshǔyīyuàn 따쉬에푸수이위엔) 대학병원

精神病医院 (jīngshénbìngyīyuàn 찡션삥이위엔) 정신병원

中医医院 (zhōngyīyīyuàn 쫑이이위엔) 중의원

候诊室 (hòuzhěnshì 허우전스) 대기실

挂号处 (guàhàochù 꾸아하오추) 원무과

诊室 (zhěnshì 전스) 진찰실

手诊室 (shǒushùshì 셔우수스) 수술실

急诊室 (jízhěnshì 지전스) 응급실

病房 (bìngfáng 삥팡) 병실

护士办公室 (hùshìbàngōngshì 후스빤꽁스) 간호사실

化验室 (huàyànshì 후아이엔스) 검사실

收费处 (shōufèichù 셔우페이추) 수납처

听诊器 (tīngzhěnqì 팅전치) 청진기

胃镜 (wèijìng 웨이찡) 위내시경

心电图 (xīndiàntú 신띠엔투) 심전도

82

超声波 (chāoshēngbō 차오성뽀어) 초음파

爱克斯线透视 (àikèsīxiàntòushì 아이크어쓰시엔토우스) 엑스선투시

断层扫描 (duàncéngsǎomiáo 뚜안청싸오미아오) CT

救护车 (jiùhùchē 찌우후처) 구급차

氧气瓶 (yǎngqìpíng 양치핑) 산소호흡기

轮椅 (lúnyǐ 룬이) 휠체어

担架 (dānjià 딴찌아) 들것

生病 (shēngbìng 파삥) 병나다

看病 (kànbìng 칸삥) 진찰하다 진찰받다

量体温 (liángtǐwēn 리앙티원) 체온을 재다

验血 (yànxuè 이엔쉬에) 혈액검사

量血压 (liángxuèyā 리앙쉬에야) 혈압을 재다

验小便 (yànxiǎobiàn 이엔시아오삐엔) 소변검사

超生波检察 (chāoshēngbōjiǎnchá 차오성뽀어지엔차) 초음파검사

内科 (nèikē 네이크어) 내과

外科 (wàikē 와이크어) 외과

矫形外科 (jiǎoxíngwàikē 지아오싱와이크어) 정형외과

耳鼻喉科 (ěrbíhóukē 얼비허우크어) 이비인후과

泌尿科 (mìniàokē 미니아오크어) 비뇨기과

皮肤科 (pífūkē 피푸크어) 피부과

妇产科 (fùchǎnkē 푸찬크어) 산부인과

小儿科 (xiǎoérkē 시아오얼크어) 소아과

眼科 (yǎnkē 이엔크어) 안과

牙科 (yákē 야크어) 치과

精神科 (jīngshénkē 찡션크어) 정신과

神经科 (shénjīngkē 션찡크어) 신경과

放射线科 (fàngshèxiànkē 팡셔시엔크어) 방사선과

大夫 (dàifu 따이푸) 의사

护士 (hùshì 후스) 간호사

病人 (bìngrén 삥런) 환자

号脉 (hàomài 하오마이) 진맥하다

初诊 (chūzhěn 추전) 초진

复诊 (fùzhěn 푸전) 재진

打针 (dǎzhēn 다쩐) 주사를 맞다

开刀 (kāidāo 카이따오) 수술하다

麻醉 (mázuì 마쭈에이) 마취

输血 (shūxuè 수쉬에) 수혈

输氧 (shūyǎng 수양) 산소호흡

人工呼吸 (réngōnghūxī 런꽁후시) 인공호흡

住院 (zhùyuàn 쭈위엔) 입원(하다)

退院 (tuìyuàn 투에이위엔) 퇴원(하다)

理疗 (lǐliáo 리리아오) 물리치료

 약국과 약

药店 (yàodiàn 야오띠엔) 약국

中药店 (zhōngyàodiàn 쫑야오띠엔) 한약방

药剂师 (yàojìshī 야오찌스) 약제사

配药员 (pèiyàoyuán 페이야오위엔) 조제사

药方 (yàofāng 야오팡) 처방전

维生素 (wéishēngsù 웨이셩쑤) 비타민

补药 (bǔyào 부야오) 영양제, 정력제

避孕药 (bìyùnyào 삐윈야오) 피임약

安全套 (ānquántào 안추엔타오) 콘돔

避孕环 (bìyùnhuán 삐윈후안) 루프

橡皮膏 (xiàngpígāo 시앙피까오) 반창고

丸药 (wányào 완야오) 알약

药片 (yàopiàn 야오피엔) 정제

胶囊 (jiāonáng 찌아오낭) 캡슐

药膏 (yàogāo 야오까오) 바르는 약

软膏 (ruǎngāo 루안까오) 연고

药水 (yàoshuǐ 야오수에이) 물약

面子药 (miànziyào 미엔즈야오) 가루약

感冒药 (gǎnmàoyào 간마오야오) 감기약

退烧药 (tuìshāoyào 투에이샤오야오) 해열제

头疼药 (tóuténgyào 터우텅야오) 두통약

止痛药 (zhǐtòngyào 즈통야오) 진통제

安眠药 (ānmiányào 안미엔야오) 수면제

肠胃药 (chángwèiyào 창웨이야오) 위장약

止泻药 (zhǐxièyào 즈시에야오) 설사약

止咳药 (zhǐkéyào 즈크어야오) 기침약

消炎药 (xiāoyányào 시아오이엔야오) 소염제

抗生素 (kàngshēngsù 캉성쑤) 항생제

阿司匹林 (āsīpílín 아쓰피린) 아스피린

青霉素 (qīngméisù 칭메이쑤) 페니실린

土霉素 (tǔméisù 투메이쑤) 테라마이신

林格氏液 (língéshìyè 링으어스이에) 링거액

媒粉 (méifěn 메이펀) 크레졸

葡萄糖 (pútáotáng 푸타오탕) 포도당

营养 (yíngyǎng 잉양) 영양

热量 (rèliáng 르어리앙) 열량

中药 (zhōngyào 쫑야오) 한약

药材 (yàocái 야오차이) 약재료

鹿茸片 (lùróngpiàn 루롱피엔) 녹용

麝香 (shèxiāng 셔시앙) 사향

海马 (hǎimǎ 하이마) 해마

熊胆 (xióngdǎn 시옹단) 웅담

灵芝 (língzhī 링쯔) 영지

病菌 (bìngjūn 삥쮠) 병균

PART 06

가족과
인간관계

가족과 사람
신분
주위 사람들
남여교제
결혼
관혼상제
명절과 축제
교류

가족과 관련된 그림 단어

- ① 鸟 niǎo 새
- ② 哥哥 gēge 형
- ③ 猫 māo 고양이
- ④ 娃娃 wáwa 아기
- ⑤ 狗 gǒu 개
- ⑥ 爸爸 bàba 아버지
- ⑦ 奶奶 nǎinai 할머니
- ⑧ 丈夫 zhàngfu 남편
- ⑨ 妈妈 māma 어머니
- ⑩ 妹妹 mèimei 여동생
- ⑪ 叔叔 shūshu 아저씨
- ⑫ 妻子 qīzi 아내
- ⑬ 阿姨 āyí 아주머니
- ⑭ 小孩儿 xiǎoháir 어린이
- ⑮ 堂弟 tángdì 사촌남동생
- ⑯ 女儿 nǚ'ér 딸
- ⑰ 爷爷 yéye 할아버지
- ⑱ 侄甥 zhíshēng 조카
- ⑲ 侄女 zhínǚ 조카딸
- ⑳ 儿子 érzi 아들

가족과 사람

男人 (nánrén 난런) 남자

女人 (nǚrén 뉘런) 여자

婴儿 (yīng'ér 잉얼) 아기

小孩子 (xiǎoháizǐ 시아오하이즈) 어린이

大人 (dàrén 따런) 어른

成人 (chéngrén 청런) 성인

少年 (shàonián 샤오니엔) 소년

少女 (shàonǚ 샤오뉘) 소녀

儿子 (érzǐ 얼즈) 아들

女儿 (nǚér 뉘얼) 딸

兄弟 (xiōngdì 시옹띠) 형제

哥哥 (gēge 끄어그어) 형

弟弟 (dìdi 띠디) 동생

姐妹 (jiěmèi 지에메이) 자매

姐姐 (jiějie 지에지에) 누나, 언니

妹妹 (mèimei 메이메이) 누이동생, 여동생

父亲 (fùqīn 푸친) 아버지

06

爸爸 (bàba 빠바) 아빠

母亲 (mǔqīn 무친) 어머니

妈妈 (māma 마마) 엄마

丈夫 (zhàngfū 짱푸) 남편

妻子 (qīzi 치즈) 아내

爷爷 (yéye 이에이에) 할아버지

奶奶 (nǎinai 나이나이) 할머니

公公 (gōnggong 꽁꽁) 시아버지

婆婆 (pópo 포어포어) 시어머니

岳父 (yuèfù 위에푸) 장인

岳母 (yuèmǔ 위에무) 장모

女婿 (nǚxù 뉘쉬) 사위

媳妇 (xífù 시푸) 며느리

孙子 (sūnzǐ 쑨즈) 손자

孙女 (sūnnǔ 쑨뉘) 손녀

朋友 (péngyǒu 펑여우) 친구

韩国人 (hánguórén 한구어런) 한국인

中国人 (zhōngguórén 쫑구어런) 중국인

 신분

姓名 (xìngmíng 싱밍) 성명

籍贯 (jíguàn 지꾸안) 본적

年龄 (niánlíng 니엔링) 연령

住址 (zhùzhǐ 쭈즈) 주소

出身 (chūshēn 추션) 출신

成分 (chéngfèn 청펀) 성분

工人 (gōngrén 꽁런) 노동자

农民 (nóngmín 농민) 농민

军人 (jūnrén 찐런) 군인

作家 (zuòjiā 쭈어찌아) 작가

教师 (jiàoshī 찌아오스) 교사

教员 (jiàoyuán 찌아오위엔) 교원

医生 (yīshēng 이성) 의사

大夫 (dàifu 따이푸) 의사

警察 (jǐngchá 징차) 경찰

商人 (shāngrén 샹런) 상인

公务人员 (gōngwùrényuán 꽁우런위엔) 공무원

技术员 (jìshùyuán 찌수위엔) 기술자

工程师 (gōngchéngshī 꽁청스) 기사

研究员 (yánjiūyuán 이엔찌우위엔) 연구원

售货员 (shòuhuòyuán 셔우후어위엔) 점원

司机 (sījī 쓰찌) 운전수

同志 (tóngzhì 통쯔) 동지

干部 (gānbù 깐뿌) 간부

职员 (zhíyuán 즈위엔) 직원

宣传员 (xuānchuányuán 쉬엔추안위엔) 선전원

 주위 사람들

老年 (lǎonián 라오니엔) 노년

老人家 (lǎorénjiā 라오런찌아) 어르신

老人 (lǎorén 라오런) 노인

老大娘 (lǎodàniáng 라오따니앙) 할머님

老大爷 (lǎodàyé 라오따이에) 할아버님

老太爷 (lǎotàiyé 라오타이이에) 노인의 존칭

老爷 (lǎoye) 어르신, 주인님

人们 (rénmén 런먼) 사람들

人人 (rénrén 런런) 여러 사람

别人 (biérén 비에런) 남, 타인

人家 (rénjia 런찌아) 다른 사람

同学 (tóngxué 통쉬에) 학우

同屋 (tóngwū 통우) 룸메이트

同桌 (tóngzhuō 통쭈어) 짝꿍

同事(同仁 (tóngshì 통스)(tóngrén 통런) 동료

同乡 (tóngxiāng 통시앙) 동향인

同伴儿 (tóngbànr 통빠알) 동반자

同行 (tóngháng 통항) 동종업계사람

同居 (tóngjū 통쮜) 동거인, 동거하다

06

大人 (dàrén 따런) 어른

寡妇 (guǎfù 구아푸) 과부

光棍儿 (guānggùnr 꾸앙꾸얼) 독신(남성)

独生子 (dúshēngzǐ 두셩즈) 외아들

独生女 (dúshēngnǚ 두셩뉘) 외동딸

双胞胎 (shuāngbāotāi 수앙빠오타이) 쌍둥이

老大 (lǎodà 라오따) 맏이, 큰형

小姐 (xiǎojie 시아오지에) 아가씨

女士 (nǚshì 뉘스) 여사

千金 (qiānjīn 치엔찐) 따님, 남의 딸에 대한 높임말

夫人 (fūren 푸런) 부인

先生 (xiānsheng 시엔셩) 남성에 대한 경칭

第三者 (dìsānzhě 띠싼저) (부부 이외의) 제3자 애인

青年 (qīngnián 칭니엔) 청년

中年人 (zhōngniánrén 쫑니엔런) 중년

年轻人 (niánqīngrén 니엔칭런) 젊은 사람

小伙子 (xiǎohuǒzi 시아오후어즈) 젊은이, 총각

姑娘 (gūniang 꾸니앙) 처녀, 아가씨

少年 (shàonián 샤오니엔) 소년

少女 (shàonǚ 샤오뉘) 소녀

小孩儿 (xiǎoháir 시아오하얼) 어린이

幼儿 (yòu'ér 여우얼) 유아

娃娃 (wáwa 와와) 아기

 남여교제

男女交际 (nánnǚjiāojì 난뉘찌아오찌) 남녀교제

异性朋友 (yìxìngpéngyou 이싱펑여우) 이성친구

男朋友 (nánpéngyou 난펑여우) 남자친구

女朋友 (nǚpéngyou 뉘펑여우) 여자친구

情侣 (qínglǚ 칭뤼) 커플

情人 (qíngrén 칭런) 연인

情书 (qíngshū 칭수) 연애편지

约会 (yuēhuì 위에후에이) 데이트(하다)

谈情说爱 (tánqíngshuō'ài 탄칭수어아이) 사랑을 속삭이다

一见钟情 (yíjiànzhōngqíng 이찌엔쭝칭) 첫눈에 반함

相爱 (xiāng'ài 시앙아이) 서로 사랑하다

拥抱 (yōngbào 용빠오) 끌어안다

亲吻 (qīnwěn 친원) 키스하다

单恋 (dānliàn 딴리엔) 짝사랑

交往 (jiāowǎng 샤귀다) 유혹하다

爱上 (àishang 아이상) 사랑하게 되다

失恋 (shīliàn 스리엔) 실연하다

被情人甩了 (bèiqíngrénshuǎile 뻬이칭런수아이러)
애인에게 차이다

三角恋 (sānjiǎoliàn 싼지아오리엔) 삼각관계

情敌 (qíngdí 칭디) 연적

吃醋 (chīcù 츠추) 질투하다

吵架 (chǎojià 차오찌아) 말 다투다

分手 (fēnshǒu 펀셔우) 헤어지다

 결혼

做媒 (zuòméi 쭈어메이) 중매하다

相亲 (xiāngqīn 시앙친) 맞선을 보다

介绍 (jièshào 찌에샤오) 소개하다

订婚 (dìnghūn 띵훈) 약혼하다

结婚典礼 (jiéhūndiǎnlǐ 지에훈디엔리) 결혼식

婚姻介绍所 (hūnyīnjièshàosuǒ 훈인찌에샤오쑤어) 결혼상담소

结婚请帖 (jiéhūnqǐngtiē 지에훈칭티에) 청첩장

结婚蛋糕 (jiéhūndàngāo 지에훈딴까오) 웨딩케이크

结婚戒指 (jiéhūnjièzhǐ 지에훈찌에즈) 결혼반지

结婚礼服 (jiéhūnlǐfú 지에훈리푸) 웨딩드레스

结婚照 (jiéhūnzhào 지에훈짜오) 결혼사진

新郎 (xīnláng 신랑) 신랑

新娘 (xīnniáng 신니앙) 신부

来宾 (láibīn 라이삔) 하객

嫁妆 (jiàzhuāng 찌아쭈앙) 혼수

鞭炮 (biānpào 삐엔파오) 폭죽

蜜月旅行 (mìyuèlǚxíng 미위에뤼싱) 신혼여행

관혼상제

红白喜事 (hóngbáixǐshì 홍바이시스) 관혼상제

诞生 (dànshēng 딴성) 태어나다

满月 (mǎnyuè 만위에) 첫 달 잔치

过周岁 (guòzhōusuì 꾸어쪼우쑤에이) 첫돌이 되다

抚养孩子 (fǔyǎngháizi 푸양하이즈) 육아

开学典礼 (kāixuédiǎnlǐ 카이쉬에디엔리) 개학식

毕业典礼 (bìyèdiǎnlǐ 삐이에디엔리) 졸업식

寿辰 (shòuchén 셔우천) 생신(어른)

花甲 (huājiǎ 후아지아) 환갑

古稀 (gǔxī 구시) 칠순, 고희

88大寿 (bābādàshòu 빠빠따셔우) 88세 생신

过生日 (guòshēngrì 꾸어성르) 생일축하

生日蛋糕 (shēngrìdàngāo 성르딴까오) 생일 케이크

丧葬 (sāngzàng 쌍짱) 장례식

告别仪式 (gàobiéyíshì 까오비에이스) 고별식

出殡 (chūbìn 추삔) 발인

 명절과 축제

春节 (chūnjié 춘지에) 춘절(설)

年夜饭 (niányèfàn 니엔이에판) 그믐날 저녁밥

压岁钱 (yāsuìqián 야쑤에이치엔) 세뱃돈

贺年片 (hèniánpiàn 흐어니엔피엔) 연하장

年糕 (niángāo 니엔까오) 설날 먹는 떡

拜年 (bàinián 빠이니엔) 세배

扫墓 (sǎomù 싸오무) 성묘

清明节 (qīngmíngjié 칭밍지에) 청명

烧香 (shāoxiāng 샤오시앙) 향을 태우다

踏青 (tàqīng 타칭) 봄나들이

劳动节 (láodòngjié 라오똥지에) 노동절

庆祝游行 (qìngzhùyóuxíng 칭쭈여우싱) 축하퍼레이드

军事游行 (jūnshìyóuxíng 찐스여우싱) 군사퍼레이드

端午节 (duānwǔjié 뚜안우지에) 단오

中秋节 (zhōngqiūjié 쫑치우지에) 추석

月饼 (yuèbǐng 위에빙) 월병

赏月 (shǎngyuè 샹위에) 달구경

重阳节 (chóngyángjié 총양지에) 중양

国庆节 (guóqìngjié 구어칭지에) 건국기념일(10월 1일)

圣诞节 (shèngdànjié 셩딴지에) 크리스마스

 교류

交流 (jiāoliú 찌아오리우) 교류하다

交往 (jiāowǎng 찌아오왕) 사귀다

招呼 (zhāohu 짜오후) 인사하다

约请 (yuēqǐng 위에칭) 초대하다

约期 (yuēqī 위에치) 날짜를 정하다

约会 (yuēhuì 위에후에이) 데이트하다

访问 (fǎngwèn 팡원) 방문하다

见面 (jiànmiàn 찌엔미엔) 만나다

交谈 (jiāotán 찌아오탄) 상담하다

欢笑 (huānxiào 후안시아오) 밝게 웃다

欢迎 (huānyíng 후안잉) 환영하다

碰见 (pèngjiàn 펑찌엔) 우연히 만나다

邀请 (yāoqǐng 야오칭) 초대하다

联系 (liánxì) 연락하다

洽谈 (qiàtán 치아탄) 교섭하다

请客 (qǐngkè 칭크어) 손님을 접대하다

会客 (huìkè 후에이크어) 손님을 만나다

迎接 (yíngjiē 잉찌에) 마중가다

送礼 (sònglǐ 쏭리) 선물을 하다

送行 (sòngxíng 쏭싱) 배웅하다

道谢 (dàoxiè 따오시에) 감사의 말을 하다

陪伴 (péibàn 페이빤) 동반하다

交涉 (jiāoshè 찌아오셔) 교섭하다

商量 (shāngliáng 샹리앙) 상의하다

商讨 (shāngtǎo 샹타오) 협의하다

商榷 (shāngquè 샹취에) 검토하다

告诉 (gàosu 까오쑤) 알리다

说明 (shuōmíng 수어밍) 설명하다

讲解 (jiǎngjiě 지앙지에) 해설하다

谈话 (tánhuà 탄후아) 이야기하다

听讲 (tīngjiǎng 팅지앙) 강의를 듣다

照会 (zhàohuì 짜오후에이) 조회하다

汇报 (huìbào 후에이빠오) 보고하다

下达 (xiàdá 시아다) 하달하다

打听 (dǎtīng 다팅) 묻다

06

号召 (hàozhāo 하오짜오) 호소하다, 어필하다

问候 (wènhòu 원허우) 안부를 묻다

回答 (huídá 후에이다) 대답하다

答复 (dáfù 다푸) 답변하다

答应 (dāying 따잉) 승낙하다

约定 (yuēdìng 위에띵) 약속하다

叫喊 (jiàohǎn 찌아오한) (큰소리로) 부르다

吵架 (chǎojià 차오찌아) 말다툼하다

打架 (dǎjià 다찌아) 때리며 싸우다

闹事 (nàoshì 나오스) 소란을 피우다

骂街 (màjiē 마찌에) (거리에 나가) 고래고래 욕지거리를 하다

哭 (kū 쿠) 소리를 내어 울다

哭泣 (kūqì 쿠치) 흐느끼다

哭诉 (kūsù 쿠쑤) 울면서 하소연하다

哭喊 (kūhǎn 쿠한) 울부짖다

PART 07

직업과
회사

직종
직위
전문인
신분
업계와 업종
기업의 형태
사내의 부서
직책
사규
근무
회의
상벌
사무용품

직업과 관련된 그림단어

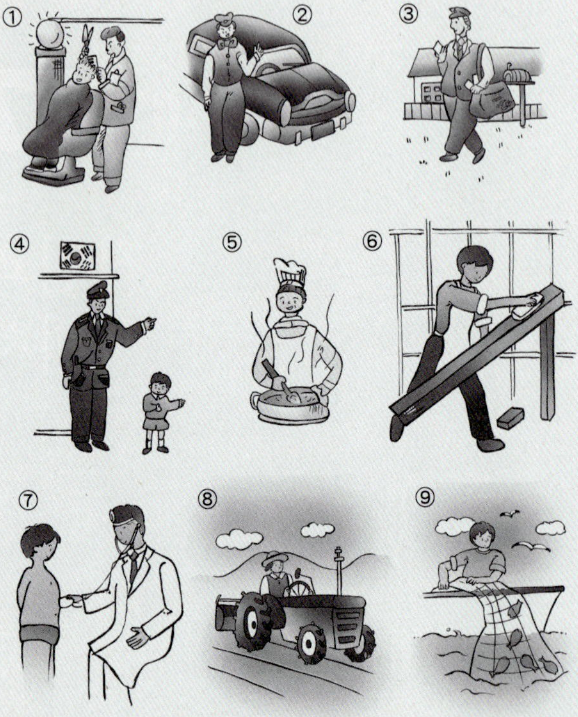

❶ 理发员(lǐfàyuán) 이발사 　❷ 司机(sījī) 운전사

❸ 邮递员(yóudìyuán) 우체부 　❹ 警察(jǐngchá) 경찰

❺ 厨师(chúshī) 요리사 　❻ 技师(jìshī) 기술자

❼ 医生(yīshēng) 의사 　❽ 农夫(nóngfū) 농부

❾ 渔夫(yúfū) 어부

직종

大夫 (dàifu 따이푸) 의사

中医大夫 (zhōngyīdàifu 쭝이따이푸) 한의사

牙科大夫 (yákēdàifu 야크어따이푸) 치과의사

兽医 (shòuyī 셔우이) 수의사

药剂师 (yàojìshī 야오찌스) 약제사

护士 (hùshi 후스) 간호사

保姆 (bǎomǔ 마오무) 보모

助产士 (zhùchǎnshì 쭈찬스) 조산사

神父 (shénfù 션푸) 신부

修女 (xiūnǚ 시우뉘) 수녀

牧师 (mùshī 무스) 목사

传教士 (chuánjiàoshì 추안찌아오스) 전도사

记者 (jìzhě 찌저) 기자

广播员 (guǎngbōyuán 구앙뽀어위엔) 아나운서

采访记者 (cǎifǎngjìzhě 차이팡찌저) 리포터

演员 (yǎnyuán 이엔위엔) 배우

电视艺人 (diànshìyìrén 띠엔스이런) 탤런트

专业演员 (zhuānyèyǎnyuán 쭈안이에이엔위엔) 엔터테이너

专栏作家 (zhuānlánzuòjiā 쭈안란쭈어찌아) 칼럼리스트

时装设计师 (shízhuāngshèjìshī 스쭈앙셔찌스) 스타일리스트

驾驶员 (jiàshǐyuán 찌아스위엔) 운종사

空中小姐 (kōngzhōngxiǎojiě 콩쯩시아오지에) 스튜어디스

工程师 (gōngchéngshī 꽁청스) 엔지니어

技工 (jìgōng 찌꽁) 기능공

律师 (lǜshī 뤼스) 변호사

法官 (fǎguān 파꾸안) 법관

司法代书 (sīfǎdàishū 쓰파따이수) 사법대서사

经济学家 (jīngjìxuéjiā 찡찌쉬에찌아) 이코노미스트

协调人 (xiédiàorén 시에띠아오런) 코디네이터

操作人 (cāozuòrén 차오쭈어런) 오퍼레이터

秘书 (mìshū 미수) 비서

专利代理人 (zhuānlìdàilǐrén 쭈안따이리런) 변리사

 직위

职位 (zhíwèi 즈웨이) 직위

市长 (shìzhǎng 스장) 시장

站长 (zhànzhǎng 짠장) 역장

外交官 (wàijiāoguān 와이찌아오꾸안) 외교관

校长 (xiàozhǎng 시아오장) 교장

教授 (jiàoshòu 찌아오셔우) 교수

讲师 (jiǎngshī 지앙스) 강사

助教 (zhùjiào 쭈찌아오) 조교

教师 (jiàoshī 찌아오스) 교사

 전문인

厨师 (chúshī 추스) 요리사

美容师 (měiróngshī 메이롱스) 미용사

理发师 (lǐfàshī 리파스) 이발사

摄影师 (shèyǐngshī 셔잉스) 카메라맨

服装设计师 (fúzhuāngshèjìshī 푸쭈앙셔찌스) 의상디자이너

魔术师 (móshùshī 모수스) 마술사

花匠 (huājiàng 후아찌앙) 정원사

石匠 (shíjiàng 스찌앙) 석공

铁匠 (tiějiàng 티에찌앙) 철공

木匠 (mùjiàng 무찌앙) 목공

裱褙匠 (biǎobèijiàng 비아오뻬이찌앙) 표구사

 신분

白领 (báilǐng 바이링) 화이트칼라

蓝领 (lánlǐng 란링) 블루칼라

工薪族 (gōngxīnzú 꽁신주) 샐러리맨

公务员 (gōngwùyuán 꽁우위엔) 공무원

公司职员 (gōngsīzhíyuán 꽁쓰즈위엔) 회사원

知识人 (zhīshírén 쯔스런) 지식인

尖子 (jiānzi 찌엔즈) 엘리트

职业妇女 (zhíyèfùnǚ 즈이에푸뉘) 캐리어우먼

讲解员 (jiǎngjiěyuán 지앙지에위엔) 안내원 해설자

灰姑娘 (huīgūniáng 후에이꾸니앙) 신데렐라

超人 (chāorén 차오런) 슈퍼맨

绅士 (shēnshì 션스) 신사

社会事业家 (shèhuìshìyèjiā 셔후에이스이에찌아) 사회사업가

运动员 (yùndòngyuán 윈똥위엔) 스포츠맨

构想家 (gòuxiǎngjiā 꼬우시앙찌아) 아이디어맨

偶像 (ǒuxiàng 어우시앙) 아이돌

惯犯 (guànfàn 꾸안판) 상습범

应声虫 (yìngshēngchóng 잉성총) 예스맨

性感女郎 (xìnggǎnnǚláng 싱간뉘랑) 글래머

模特 (mótè 모어트어) 모델

업계와 업종

骨干工业 (gǔgàngōngyè 구깐꽁이에) 기간산업

朝阳产业 (zhāoyángchǎnyè 차오양찬이에) 성장산업

夕阳产业 (xīyángchǎnyè 시양찬이에) 사양산업

建设业 (jiànshèyè 찌엔셔이에) 건설업

房地产业 (fángdìchǎnyè 팡띠찬이에) 부동산업

金融业 (jīnróngyè 찐롱이에) 금융업

服务业 (fúwùyè 푸우이에) 서비스업

尖端产业 (jiānduānchǎnyè 찌엔두안찬이에) 첨단산업

银发产业 (yǐnfàchǎnyè 인파찬이에) 실버산업

农业 (nóngyè 농이에) 농업

畜牧业 (chùmùyè 추무이에) 축산업

林业 (línyè 린이에) 임업

水产业 (shuǐchǎnyè 수에이찬이에) 수산업

工业 (gōngyè 꽁이에) 공업

矿业 (kuàngyè 쿠앙이에) 광업

制造业 (zhìzàoyè 쯔짜오이에) 제조업

商业 (shāngyè 상이에) 상업

服装产业 (fúzhuāngchǎnyè 푸쭈앙찬이에) 의류업

运输业 (yùnshūyè 윈수이에) 운수업

造船业 (zàochuányè 짜오추안이에) 조선업

个体户 (gètǐhù 끄어티후) 자영업

 기업의 형태

国营企业 (guóyíngqǐyè 구어잉치이에) 국영기업

国有企业 (guóyǒuqǐyè 구어여우치이에) 국유기업

企业集团 (qǐyèjítuán 치이에지투안) 그룹

私营企业 (sīyíngqǐyè 쓰잉치이에) 사기업

风险企业 (fēngxiǎnqǐyè 펑시엔치이에) 벤처기업

外资企业 (wàizīqǐyè 와이쯔치이에) 외자기업

跨国公司 (kuàguógōngsī 쿠아구어꽁쓰) 다국적기업

股份公司 (gǔfèngōngsī 구펀꽁쓰) 주식회사

有限公司 (yǒuxiàngōngsī 여우시엔꽁스) 유한회사

资本 (zīběn 쯔번) 자본금

董事长 (dǒngshìzhǎng 동스장) 대표이사

董事 (dǒngshì 동스) 이사

总公司 (zǒnggōngsī 종꽁쓰) 본사

分公司 (fēngōngsī 펀꽁쓰) 지사

母公司 (mǔgōngsī 무꽁쓰) 모회사

子公司 (zǐgōngsī 즈꽁쓰) 자회사

系列公司 (xìliègōngsī 시리에꽁쓰) 계열사

伞型公司 (sǎnxínggōngsī 싼싱꽁쓰) 지주회사

 사내의 부서

办公楼 (bàngōnglóu 빤꽁러우) 오피스빌딩

营业点 (yíngyèdiǎn 잉이에디엔) 영업소

分销处 (fēnxiāochù 펀시아오추) 대리점

办事处 (bànshìchù 빤스추) 사무소

会议室 (huìyìshì 후에이스) 회의실

岗位 (gǎngwèi 강웨이) 직책

人事 (rénshì 런스) 인사

总务 (zǒngwù 종우) 총무

规划 (guīhuà 꾸에이후아) 기획

财会 (cáikuài 차이쿠아이) 경리

营销 (yíngxiāo 잉시아오) 영업

公关 (gōngguān 꽁꾸안) 홍보

外事 (wàishì 와이스) 섭외

监察 (jiānchá 찌엔차) 감사

秘书 (mìshu 미수) 비서

传达 (chuándá 추안다) 접수

직책

董事长 (dǒngshìzhǎng 동스장) 이사장

代表董事 (dàibiǎodǒngshì 따이비아오동스) 대표이사

董事 (dǒngshì 동스) 이사

总经理 (zǒngjīnglǐ 종찡리) 사장

副总经理 (fùzǒngjīnglǐ 푸종찡리) 부사장

部长 (bùnzhǎng 뿌장) 부장

科长 (kēzhǎng 크어장) 과장

股长 (gǔzhǎng 구장) 계장

主任 (zhǔrèn 주런) 주임

公司职员 (gōngsīzhíyuán 꽁쓰즈위엔) 평사원

顾问 (gùwèn 꾸원) 고문

分行长 (fēnhángzhǎng 펀항장) 지점장

总部部长 (zǒngbùbùzhǎng 종뿌뿌장) 본부장

副部长 (fùbùzhǎng 푸뿌장) 부부장

部长助理 (bùzhǎngzhùlǐ) 부장대리

科长助理 (kēzhǎngzhùlǐ 크어장쭈리) 과장대리

室长 (shìzhǎng 스장) 실장

次长 (cìzhǎng 츠장) 차장

厂长 (chángzhǎng 창장) 공장장

组长 (zǔcháng 주장) 조장

熟练工 (shúliàngōng 수리엔꽁) 숙련공

顾问律师 (gùwènlǜshī 꾸원뤼스) 고문변호사

注册会计师 (zhùcèkuàijìshī 쭈츠어쿠아이찌스)
  공인회계사

税理士 (shuìlǐshì 수에이리스) 세무사

上司 (shàngsi 상쓰) 상사

同事 (tóngshì 통스) 동료

部下 (bùxià 뿌시아) 부하

前辈 (qiánbèi 치엔뻬이) 선배

晚辈 (wǎnbèi 완뻬이) 후배

老手 (lǎoshǒu 라오셔우) 베테랑

新手 (xīnshǒu 신셔우) 신참

干部 (gànbù 깐뿌) 간부

成员 (chéngyuán 청위엔) 멤버

职工 (zhígōng 즈꽁) 종업원

 사규

上下班 (shàngxiàbān 상시아빤) 출퇴근

上班 (shàngbān 상빤) 출근(하다)

下班 (xiàbān 시아빤) 퇴근

迟到 (chídào 츠따오) 지각

早退 (zǎotuì 자오투에이) 조퇴

考勤卡 (kǎoqínkǎ 카오친카) 타임카드

缺勤 (quēqín 취에친) 결근

请假 (qǐngjià 칭찌아) 휴가신청

带薪假 (dàixīnjià 따이신찌아) 유급휴가

病假 (bìngjià 삥찌아) 병가

婚假 (hūnjià 훈찌아) 결혼휴가

例假 (lìjià 리찌아) 정기휴가

产假 (chǎnjià 찬찌아) 출산휴가

养育假 (yǎngyùjià 양위찌아) 육아휴가

探亲假 (tànqīnjià 탄친찌아) 귀성휴가

工伤保险 (gōngshāngbǎoxiǎn 꽁상바오시엔) 산재보험

健康保险 (jiànkāngbǎoxiǎn 찌엔캉바오시엔) 건강보험

健康检查 (jiànkāngjiǎnchá 찌엔캉지엔차) 건강검진

职业病 (zhíyèbìng 즈이에삥) 직업병

性骚扰 (xìngsāorǎo 싱싸오라오) 성추행

过劳死 (guòláosǐ 꾸어라오쓰) 과로사

工薪 (gōngxīn 꽁신) 급여

起薪 (qǐxīn 치신) 첫월급

奖金 (jiǎngjīn 지앙찐) 보너스

退职金 (tuìzhíjīn 투에이즈찐) 퇴직금

养老金 (yǎnglǎojīn 양라오찐) 연금

津贴 (jīntiē 찐티에) 수당

工龄津贴 (gōnglíngjīntiē 꽁링찐티에) 근속수당

出差津贴 (chūchāijīntiē 추차이찐티에) 출장비

提薪 (tíxīn 티신) 진급

基本工资 (jīběngōngzī 찌번꽁쯔) 기본급

工资表 (gōngzībiǎo 꽁쯔비아오) 급여명세서

计件工资 (jìjiàngōngzī 찌찌엔꽁쯔) 성과급

年薪制 (niánxīnzhì 니엔신쯔) 연봉제

 ## 근무

工作单位 (gōngzuòdānwèi 꽁쭈어딴웨이) 근무처

工作岗位 (gōngzuògǎngwèi 꽁쭈어강웨이) 직장

白班 (báibān 바이빤) 일근

夜班 (yèbān 이에빤) 야근

加班 (jiābān 찌아빤) 잔업하다

开夜车 (kāiyèchē 카이이에처) 철야하다

轮班制 (lúnbānzhì 룬빤쯔) 교대제

值班 (zhíbān 즈빤) 당직

出差 (chūchāi 추차이) 출장

调动 (diàodòng 띠아똥) 전근

分配 (fēnpèi 펀페이) 배속

荣升调动 (róngshēngdiàodòng 롱셩띠아오똥) 영전

降职调动 (jiàngzhídiàodòng 찌앙즈띠아오똥) 좌천

회의

开会 (kāihuì 카이후에이) 회의를 열다

议题 (yìtí 이티) 의제

建议 (jiànyì 찌엔이) 건의

报告 (bàogào 빠오까오) 보고

说明 (shuōmíng 수어밍) 설명

研究 (yánjiū 이엔찌우) 검토하다

批评 (pīpíng 피핑) 비판하다

主张 (zhǔzhāng 주장) 주장하다

说服 (shuōfú 수어푸) 납득하다

妥协 (tuǒxié 투어시에) 타협하다

修改 (xiūgǎi 시우가이) 수정하다

赞成 (zànchéng 짠청) 찬성하다

反对 (fǎnduì 판뚜에이) 반대하다

辩解 (biànjiě 삐엔지에) 변명하다

拒绝 (jùjué 쮜줴에) 거부하다

解决 (jiějué 지에쥐에) 해결하다

主持 (zhǔchí 주츠) 주관하다, 사회를 보다

 상벌

奖惩 (jiǎngchéng 지앙청) 상벌

表彰 (biǎozhāng 비아오짱) 표창하다

晋级 (jìnjí 찐지) 승진하다

检讨书 (jiǎntǎoshū 지엔타오수) 시말서

请示去留 (qǐngshìqùliú 칭스취리우) 사직권고

辞呈 (cíchéng 츠청) 사표

惩戒 (chéngjiè 청찌에) 징계

减薪 (jiǎnxīn 지엔신) 감봉

降级 (jiàngjí 찌앙지) 강급

停职 (tíngzhí 팅즈) 정직

解雇 (jiěgù 지에꾸) 해고하다

开除职务 (kāichúzhíwù 카이추즈우) 면직시키다

临时处分 (línshíchùfēn 린스추펀) 가처분

恢复原职 (huīfùyuánzhí 후에이푸위엔즈) 복직하다

终身雇用 (zhōngshēngùyòng 쫑션꾸용) 종신고용

精简人员 (jīngjiǎnrényuán 찡지엔런위엔) 구조조정

退休 (tuìxiū 투에이시우) 정년퇴직

退职 (tuìzhí 투에이즈) 퇴직

 사무용품

传真 (chuánzhēn 추안쩐) 팩스

文字处理机 (wénzìchǔlǐjī 원쯔추리찌) 워드프로세서

个人电脑 (gèréndiànnǎo 끄어런띠엔나오) PC

笔记本电脑 (bǐjìběndiànnǎo 비찌번띠엔나오) 노트북

撕碎机 (suìsījī 쑤에이쓰지) 분쇄기

裁纸刀 (cáizhǐdāo 차이즈따오) 페이퍼커터

用户电报 (yònghùdiànbào 용후띠엔빠오) 텔렉스

订书器 (dìngshūqì 띵수치) 호치키스

文件夹 (wénjiànjiā 원찌엔찌아) 파일

纸夹 (zhǐjiā 즈찌아) 바인더

格式纸 (géshìzhǐ 그어스즈) 양식지

文件编号 (wénjiànbiānhào 원찌엔삐엔하오) 문서번호

磁性 (cíxìng 츠싱) 마그넷

打印机 (dǎyìnjī 다인찌) 프린터

计时卡 (jìshíkǎ 찌스카) 타임카드

考勤机 (kǎoqínjī 카오친찌) 타임레코더

电子手册 (diànzǐshǒucè 띠엔즈셔우츠어) 전자수첩

袖珍计算机 (xiùzhēnjìsuànjī 시우쩐찌쑤안찌)
 전자계산기

打孔机 (dǎkǒngjī 다콩찌) 펀치

图章 (túzhāng 투짱) 도장

印泥 (yìnní 인니) 인주

打印台 (dǎyìntái 다인타이) 스탬프

号码机 (hàomǎjī 하오마찌) 넘버링

07

铁夹子 (tiějiāzi 티에찌아즈) 클립

剪刀 (jiǎndāo 지엔따오) 가위

大头针 (dàtóuzhēn 따터우쩐) 압정

透明胶纸 (tòumíngjiāozhǐ 터우밍찌아오즈)
　　　　　셀로판테이프

复印机 (fùyìnjī 푸인찌) 복사기

调色机 (tiáosèjī 티아오쓰어찌) 토너

复印纸 (fùyìnzhǐ 푸인즈) 복사지

稿纸 (gǎozhǐ 가오즈) 원고지

油墨 (yóumò 여우모어) 인쇄잉크

糨糊 (jiànghú 찌앙후) 풀

PART 08

교통과 여행

전화
우편
거리와 도로
기차역
열차 안
승하차
자동차
차체
운전
배
공항
출국수속
기내
입국수속
호텔
객실
부대시설

교통과 관련된 그림단어

1. **自行车**(zìxíngchē) 자전거
2. **出租汽车**(chūzūqìchē) 택시
3. **汽车**(qìchē) 자동차
4. **急救车**(jíjiùchē) 구급차

5. **单轨**(dānguǐ) 모노레일
6. **火车**(huǒchē) 전철, 열차
7. **地铁**(dìtiě) 지하철

전화

电话 (diànhuà 띠엔후아) 전화

电话机 (diànhuàjī 띠엔후아찌) 전화기

听筒 (tīngtǒng 팅통) 수화기

号码盘 (hàomǎpán 하오마판) 다이얼

电话簿 (diànhuàbù 띠엔후아뿌) 전화번호부

公用电话 (gōngyòngdiànhuà 꽁용띠엔후아) 공중전화

电话亭 (diànhuàtíng 띠엔후아팅) 전화부스

电话局 (diànhuàjú 띠엔후아쮜) 전화국

市内电话 (shìnèidiànhuà 스네이띠엔후아) 시내전화

长途电话 (chángtúdiànhuà 창투띠엔후아) 장거리전화

国际电话 (guójìdiànhuà 구어찌띠엔후아) 국제전화

电报 (diànbào 띠엔빠오) 전보

占线 (zhànxiàn 짠시엔) 통화중

 우편

邮局 (yóujú 여우쮜) 우체국

邮件 (yóujiàn 여우찌엔) 우편물

邮票 (yóupiào 여우피아오) 우표

信纸 (xìnzhǐ 신즈) 편지지

信封 (xìnfēng 신펑) 편지봉투

明信片 (míngxìnpiàn 밍신피엔) 엽서

邮筒 (yóutǒng 여우통) 우체통

邮政信箱 (yóuzhèngxìnxiāng 여우쩡신시앙) 사서함

邮费 (yóufèi 여우페이) 우편요금

邮政编码 (yóuzhèngbiānmǎ 여우쩡삐엔마) 우편번호

平信 (píngxìn 핑신) 보통우편

快邮 (kuàiyóu 쿠아이여우) 빠른우편

挂号信 (guàhàoxìn 꾸아하오신) 등기

包裹 (bāoguǒ 빠오구어) 소포

收件人 (shōujiànrén 셔찌엔런) 수신인

寄件人 (jìjiànrén 찌찌엔런) 발신인

邮递员 (yóudìyuán 여우띠위엔) 우편집배원

姓名 (xìngmíng 싱밍) 성명

地址 (dìzhǐ 띠즈) 주소

 거리와 도로

高速公路 (gāosùgōnglù 까오쑤꽁루) 고속도로

国道 (guódào 구어따오) 국도

街道 (jiēdào 찌에따오) 거리

十字路口 (shízìlùkǒu 스쯔루커우) 사거리

马路 (mǎlù 마루) 대로, 큰길

小巷 (xiǎoxiàng 시아오시앙) 골목길

单行道 (dānxíngdào 딴싱따오) 일방통행로

近道 (jìndào 찐따오) 지름길

人行道 (rénxíngdào 런싱따오) 인도, 보도

平交道 (píngjiāodào 핑찌아오따오) 횡단보도

地下道 (dìxiàdào 띠시아따오) 지하도

隧道 (suìdào 쑤에이따오) 터널

天桥 (tiānqiáo 티엔치아오) 육교

红绿灯 (hónglǜdēng 홍뤼떵) 신호등

红灯 (hóngdēng 홍떵) 적신호

绿灯 (lǜdēng 뤼떵) 청신호

交通警察 (jiāotōngjǐngchá 찌아오통징차) 교통경찰

堵塞 (dǔsè 두쓰어) 교통체증

路边 (lùbiān 루삐엔) 길가

车道 (chēdào 처따오) 차도

 기차역

车站 (chēzhàn 처짠) 역, 정류소

火车站 (huǒchēzhàn 후어처짠) 기차역

地铁车站 (dìtiěchēzhàn 띠티에처짠) 지하철역

公共汽车站 (gōnggòngqìchēzhàn 꽁꽁치처짠)
　　　　　　버스정류소

站房 (zhànfáng 짠팡) 역사

候车室 (hòuchēshì 허우처스) 대합실

售票处 (shòupiàochù 셔우피아오추) 매표소

行李寄存处 (xínglǐjìcúnchù 싱리찌춘추) 하물보관소

投币式存放柜 (tóubìshìcúnfàngguì 터우삐스춘팡꾸에이)
　　　　　　코인로커

列车时刻表 (lièchēshíkèbiǎo 리에처스크어비아오)
　　　　　열차시각표

留言牌 (liúyánpái 리우이엔파이) 전광판

站台 (zhàntái 짠타이) 홈

剪票口 (jiǎnpiàokǒu 지엔피아오커우) 개찰구

台阶 (táijiē 타이찌에) 계단

电动扶梯 (diàndòngfútī 띠엔똥푸티) 에스컬레이터

信号机 (xìnhàojī 신하오찌) 신호기

钢轨 (gāngguǐ 깡구에이) 레일

道口 (dàokǒu 따오커우) 건널목

站长 (zhàncháng 짠장) 역장

车站工作人员 (chēzhàngōngzuòrényuán 처짠꽁쭈어
　　　　　　런위엔) 역무원

车票 (chēpiào 처피아오) 차표

售票窗口 (shòupiàochuāngkǒu 셔우피아오추앙커우)
　　　　매표창구

自动售票机 (zìdòngshòupiàojī 쯔똥셔우피아오찌)
　　　　　자동매표기

自动补票机 (zìdòngbǔpiàojī 쯔똥부피아오찌) 자동정산기

往返票 (wǎngfǎnpiào 왕판피아오) 왕복표

单程票 (dānchéngpiào 딴청피아오) 편도표

站票 (zhànpiào 짠피아오) 입석표

站台票 (zhàntáipiào 짠타이피아오) 입장권

票价 (piàojià 피아오찌아) 운임

票价表 (piàojiàbiǎo 피아오찌아비아오) 요금표

月票 (yuèpiào 위에피아오) 정기권

始发站 (shǐfāzhàn 스파짠) 출발역

中转站 (zhōngzhuǎnzhàn 쫑주안짠) 환승역

终点站 (zhōngdiǎnzhàn 쫑디엔짠) 종점

头班车 (tóubānchē 터우빤처) 첫차

末班车 (mòbānchē 모어빤처) 막차

发车时间 (fāchēshíjiān 파처스찌엔) 출발시간

到达时间 (dàodáshíjiān 따오다스찌엔) 도착시간

误车 (wùchē 우처) 차를 놓치다

误点 (wùdiǎn 우디엔) 연착하다

坐过站 (zuòguòzhàn 쭈어꾸어짠) 역을 지나치다

车次 (chēcì 처츠) 열차번호

慢车 (mànchē 만처) 완행열차

直客 (zhíkè 즈크어) 특급열차

直快 (zhíkuài 즈쿠아이) 급행열차

夜车 (yèchē 이에처) 야간열차

 열차 안

客车 (kèchē 크어처) 객차

列车长 (lièchēzhǎng 리에처장) 열차 전무

列车员 (lièchēyuán 리에처위엔) 역무원

驾驶员 (jiàshǐyuán 찌아스위엔) 기관사

乘警 (chéngjǐng 청징) 철도공안

车厢 (chēxiāng 처시앙) 객실 차량

包厢 (baōxiāng 빠오시앙) 특별석

餐车 (cānchē 찬처) 식당차

卧车 (wòchē 워처) 침대차

软铺 (ruǎnpù 루안푸) 특실

吸烟处 (xīyānchù 시이엔추) 흡연실

硬座 (yìngzuò 잉쭈어) 일반석

软座 (ruǎnzuò 루안쭈어) 특석

座位号码 (zuòwèihàomǎ 쭈어웨이하오마) 좌석번호

行李架 (xínglijià 싱리찌아) 선반

指定座位 (zhǐdìngzuòwèi 즈띵쭈어웨이) 지정석

非指定座位 (fēizhǐdìngzuòwèi 페이즈띵쭈어웨이) 자유석

全票 (quánpiào 취엔피아오) 어른요금(표)

免票 (miǎnpiào 미엔피아오) 프리패스

半票 (bànpiào 빤피아오) 어린이요금(표)

硬座票 (yìngzuòpiào 잉쭈어피아오) 일반석표

软座票 (ruǎnzuòpiào 루안쭈어피아오) 특실표

卧铺票 (wòpūpiào 워푸피아오) 침대표

 승하차

坐车 (zuòchē 쭈어처) 열차를 타다

赶上 (gǎnshāng 간샹) 시간에 대다

等车 (děngchē 덩처) 열차를 기다리다

上车 (shàngchē 상처) 승차하다

发车 (fāchē 파처) 발차하다

查票 (chápiào 차피아오) 개찰하다

换车 (huànchē 후안처) 갈아타다

停车 (tíngchē 팅처) 정차하다

中途下车 (zhōngtúxiàchē 쫑투시아처) 중도하차하다

到站 (dàozhàn 따오짠) 역에 도착하다

下车 (xiàchē 시아처) 하차하다

 자동차

汽车 (qìchē 치처) 자동차

客车 (kèchē 크어처) 승합자동차 버스

卡车 (kǎchē 카처) 트럭

摩托车 (mótuōchē 모어투어처) 오토바이

拖拉机 (tuōlājī 투어라찌) 트랙터

推土机 (tuītǔjī 투에이투찌) 불도저

挖掘机 (wājuéjī 와쥐에찌) 굴착기

起重机 (qǐzhòngjī 치쫑찌) 크레인

游览车 (yóulǎnchē 여우란처) 관광버스

出租汽车 (chūzūqìchē 추쭈처) 택시

轿车 (jiàochē 찌아오처) 고급승용차

敞蓬车 (chǎngpéngchē 창펑처) 오픈카

赛车 (sàichē 싸이처) 스포츠카

住宿车 (zhùsùchē 쭈쑤처) 캠핑카

公共汽车 (gōnggòngqìchē 꽁꽁치처) 버스

无轨电车 (wúguǐdiànchē 우구에이띠엔처) 무궤도전차

大客车 (dàkèchē 따크어처) 대형버스

中型客车 (zhōngxíngkèchē 쫑싱크어처) 중형버스

小型客车 (xiǎoxíngkèchē 시아오싱크어처) 소형버스

面包车 (miànbāochē 미엔빠오처) 미니버스

巡逻警车 (xúnluójǐngchē 쉰루어징처) 순찰차

救护车 (jiùhùchē 찌우후처) 구급차

救火车 (jiùhuǒchē 찌우후어처) 소방차

清洁车 (qīngjiéchē 칭지에처) 청소차

垃圾车 (lājīchē 라찌처) 청소차(쓰레기 수거차)

洒水车 (sǎshuǐchē 싸수에이처) 살수차

冷冻车 (lěngdòngchē 렁똥처) 냉동차

殡车 (bìnchē 삔처) 영구차

自卸汽车 (zìxièqìchē 쯔시에치처) 덤프카

水泥搅拌车 (shuǐníjiǎobànchē 수에이니지아오빤처) 레미콘

油槽车 (yóucáochē 여우차오처) 탱크로리

挂车 (guàchē 꾸아처) 트레일러

拖吊车 (tuōdiàochē 투어띠아오처) 레커

吉普车 (jípǔchē 지푸처) 지프

囚车 (qiúchē 치우처) 호송차

차체

方向盘 (fāngxiàngpán 팡시앙판) 핸들

油门 (yóumén 여우먼) 액셀러레이터

车闸 (chēzhá 처자) 브레이크

手制动杆 (shǒuzhìdònggān 셔우쯔똥깐) 스틱

风挡玻璃 (fēngdǎngbōli 펑땅뽀어리) 앞 유리

刮水器 (guāshuǐqì 꾸아수에이치) 와이퍼

后视镜 (hòushìjìng 허우스찡) 사이드미러

车视镜 (chēshìjìng 처스찡) 룸미러

头灯 (tóudēng 터우떵) 헤드라이트

尾灯 (wěidēng 웨이떵) 미등

刹车灯 (shāchēdēng 샤처떵) 브레이크램프

刹车踏板 (shāchētàbǎn 샤처타반) 브레이크페달

油门踏板 (yóuméntàbǎn 여우먼타반) 액셀페달

离合器踏板 (líhéqìtàbǎn 리흐어치타반) 클러치페달

速度表 (sùdùbiǎo 쑤뚜비아오) 속도계

换挡杆 (huàndǎnggān 후안당깐) 변속기

点火开关 (diǎnhuǒkāiguān 디엔후어카이꾸안) 시동스위치

车灯开关 (chēdēngkāiguān 처떵카이꾸안) 라이트스위치

车身 (chēshēn 처션) 바디

引擎盖 (yǐnqínggài 인칭까이) 보닛

车门 (chēmén 처먼) 도어

行李箱 (xínglixiāng 싱리시앙) 트렁크

车牌子 (chēpáizi 처파이즈) 번호판

轮胎 (lúntāi 룬타이) 타이어

 운전

空挡 (kōngdǎng 콩당) 기어

四挡 (sìdǎng 쓰당) 4단 기어

高速挡 (gāosùdǎng 까오쑤당) 고속기어

倒车挡 (dǎochēdǎng 다오처당) 후진기어

换挡 (huàndǎng 후안당) 기어변속

开车 (kāichē 카이처) 운전하다

起动发动机 (qǐdòngfādòngjī 치똥파똥찌) 시동을 걸다

踏加速踏板 (tàjiāsùtàbǎn 타찌아쑤타반) 액셀을 밟다

急转弯 (jízhuǎnwān 지주안완) 급회전

急刹车 (jíshāchē 지샤처) 급브레이크

直行 (zhíxíng 즈싱) 직진

调头 (diàotóu 띠아오터우) 유턴

右转 (yòuzhuǎn 여우주안) 우회전

倒车 (dǎochē 다오처) 후진

超车 (chāochē 차오처) 추월

车祸 (chēhuò 처후어) 교통사고

爆胎 (bàotāi 빠오타이) 펑크

冲撞事故 (chōngzhuàngshìgù 총쭈앙스꾸) 추돌사고

迎头碰撞 (yíngtóupèngzhuàng 잉터우펑쭈앙)
　　　　　정면충돌

打盹儿开车 (dǎdǔnrkāichē 다두얼카이처) 졸음운전

酒后开车 (jiǔhòukāichē 지우허우카이처) 음주운전

闯红灯 (chuǎnghóngdēng 추앙홍덩) 신호위반

驾校 (jiàxiào 찌아시아오) 운전학원

 배

港口 (gǎngkǒu 강커우) 항구

码头 (mǎtóu 마터우) 선착장

突码头 (tūmǎtóu 투마터우) 부두

防波堤 (fángbōdī 팡뽀띠) 방파제

灯塔 (dēngtǎ 떵타) 등대

客运站 (kèyùnzhàn 크어윈짠) 여객터미널

候船室 (hòuchuánshì 허우추안스) 대합실

舷梯 (xiántī 시엔티) 트랩

驾驶室 (jiàshǐshì 찌아스스) 조타실

机舱 (jīcāng 찌창) 기관실

客舱 (kècāng 크어창) 객실

甲板 (jiǎbǎn 지아반) 갑판

桅杆 (wéigān 웨이깐) 돛대

救生艇 (jiùshēngtǐng 찌우성팅) 구명정

救生衣 (jiùshēngyī 찌우성이) 구명조끼

救生圈 (jiùshēngquān 찌우성취엔) 구명부표

汽渡轮 (qìdùlún 치뚜룬) 카페리

摆渡 (bǎidù 바이뚜) 나룻배

联运船 (liányùnchuán 리엔윈추안) 연락선

游艇 (yóutǐng 여우팅) 유람선

机帆船 (jīfānchuán 찌판추안) 범선

帆船 (fānchuán 판추안) 요트

拖船 (tuōchuán 추어추안) 예인선

划子 (huázi 후아즈) 보트

巡哨艇 (xúnshàotǐng 쉰샤오팅) 경비정

救生艇 (jiùshēngtǐng 찌우성팅) 구명정

客轮 (kèlún 크어룬) 여객선

豪华客轮 (háohuákèlún 하오후아크어룬) 호화여객선

 공항

机场 (jīchǎng 찌창) 공항

机场班车 (jīchǎngbānchē 찌창빤처) 리무진버스

候机楼 (hòujīlóu 허우찌러우) 공항터미널

候机大厅 (hòujīdàtīng 허우찌따팅) 공항로비

国际航线 (guójìhángxiàn 구어찌항시엔) 국제선

国内航线 (guónèihángxiàn 구어네이항시엔) 국내선

塔台 (tǎtái 타타이) 관제탑

跑道 (pǎodào 파오따오) 활주로

登机桥 (dēngjīqiáo 떵찌치아오) 보딩브리지

航空公司 (hángkōnggōngsī 항콩꽁쓰) 항공사

服务柜台 (fúwùguìtái 푸우꾸에이타이) 서비스카운터

售票处 (shòupiàochù 셔우피아오추) 티켓카운터

登记柜台 (dēngjìguìtái 떵찌꾸에이타이) 체크인카운터

随身行李 (suíshēnxíngli 수에이션싱리) 기내반입화물

拖运行李 (tuōyùnxíngli 투어윈싱리) 탁송화물

行李证 (xínglizhèng 싱리쩡) 클레임택

行李牌 (xínglipái 싱리파이) 화물표

超重费 (chāozhòngfèi 차오쫑페이) 초과요금

机票 (jīpiào 찌피아오) 항공권

廉价机票 (liánjiàjīpiào 리엔찌아찌피아오) 할인티켓

不定期票 (búdìngqīpiào 부띵치피아오) 오픈티켓

定期票 (dìngqīpiào 띵치피아오) 정기권

登机口 (dēngjīkǒu 떵찌커우) 탑승구

座位号码 (zuòwèihàomǎ 쭈어웨이하오마) 좌석번호

出发大厅 (chūfādàtīng 추파따팅) 출발로비

登机手续 (dēngjīshǒuxù 떵찌셔우쉬) 탑승수속

출국수속

出境手续 (chūjìngshǒuxù 추찡셔우쉬) 출국수속

护照 (hùzhào 후짜오) 여권

签证 (qiānzhèng 치엔쩡) 비자

游览签证 (yóulǎnqiānzhèng 여우란치엔쩡) 관광비자

商务签证 (shāngwùqiānzhèng 상우치엔쩡) 상용비자

多次入境签证 (duōcìrùjìngqiānzhèng 뚜어츠루찡치엔쩡) 멀티비자

出境卡 (chūjìngkǎ 추찡카) 출국카드

登机牌 (dēngjīpái 떵찌파이) 탑승권

出境检查 (chūjìngjiǎnchá 추찡지엔차) 출국검사

搜身 (sōushēn 쏘우션) 보디체크

安全检查 (ānquánjiǎnchá 안취엔지엔차) 안전검사

金属探测器 (jīnshǔtàncèqì 찐수탄츠어치) 금속탐지기

 기내

登机 (dēngjī 떵찌) 탑승

经济舱 (jīngjìcāng 찡찌창) 이코노미 클래스

商务舱 (shāngwùcāng 상우창) 비즈니스 클래스

头等舱 (tóuděngcāng 터우덩창) 1등석

靠窗座位 (kàochuāngzuòwèi 카오추앙쭈어웨이) 창가석

靠通道座位 (kàotōngdàozuòwèi 카오통따오쭈어웨이) 통로석

驾驶员 (jiàshǐyuán 찌아스위엔) 조종사

空中小姐 (kōngzhōngxiǎojiě 콩쭝시아오지에) 스튜어디스

空中少爷 (kōngzhōngshàoyé 콩쭝샤오이에) 스튜어드

安全带 (ānquándài 안취엔따이) 안전벨트

救生衣 (jiùshēngyī 찌우셩이) 구명조끼

氧气罩 (yǎngqìzhào 양치짜오) 산소마스크

清洁袋 (qīngjiédài 칭지에따이) 위생봉투

起飞 (qǐfēi 치페이) 이륙하다

机上服务 (jīshàngfúwù 찌상푸우) 기내서비스

机餐 (jīcān 찌찬) 기내음식

免税商品 (miǎnshuìshāngpǐn 미엔수에이상핀) 면세품

晕机药 (yūnjīyào 윈지야오) 멀미약

湍流 (tuānliú 투안리우) 난기류

座位 (zuòwèi 쭈어웨이) 좌석

降落 (jiàngluò 찌앙루어) 착륙

입국수속

入境手续 (rùjìngshǒuxù 루찡셔우쉬) 입국수속

入境卡 (rùjìngkǎ 루찡카) 입국카드

检疫 (jiǎnyì 지엔이) 검역

行李收取台 (xínglǐshōuqǔtái 싱리셔우취타이) 턴테이블

行李车 (xínglǐchē 싱리처) 카트

海关 (hǎiguān 하이꾸안) 세관

外币兑换处 (wàibìduìhuànchù 와이삐뚜에이후안추) 환전소

出租汽车站 (chūzūqìchēzhàn 추쭈치처짠) 택시정류장

打车 (dǎchē 다처) 택시를 잡다

出租车司机 (chūzūchēsījī 추쭈처쓰찌) 택시기사

计程器 (jìchéngqì 찌청치) 택시미터기

 호텔

饭店 (fàndiàn 판띠엔) 호텔

宾馆 (bīnguǎn 삔구안) 영빈관, 호텔

旅馆 (lǚguǎn 뤼구안) 여관

大厅 (dàtīng 따팅) 로비

总服务台 (zǒngfúwùtái 종푸우타이) 프런트

咨询台 (zīxúntái 쯔쉰타이) 안내소

商务中心 (shāngwùzhōngxīn 상우쫑신) 비즈니스센터

住宿 (zhùsù 쭈쑤) 숙박

订房 (dìngfáng 띵팡) 숙박예약

房费 (fángfèi 팡페이) 숙박비

付费 (fùfèi 푸페이) 숙박비 지불

现款 (xiànkuǎn 시엔쿠안) 현금

信用卡 (xìnyòngkǎ 신용카) 신용카드

登记卡 (dēngjìkǎ 떵찌카) 체크인카드

 객실

客房 (kèfáng 크어팡) 객실

单人间 (dānrénjiān 딴런찌엔) 싱글룸

双人间 (shuāngrénjiān 수앙런찌엔) 더블룸

套房 (tàofáng 타오팡) 스위트룸

房客服务 (fángkèfúwù 팡크어푸우) 룸서비스

洗衣服务 (xǐyīfúwù 시이푸우) 세탁서비스

干洗 (gānxǐ 깐시) 드라이클리닝

熨衣服 (yùnyīfú 윈이푸) 옷을 다리다

传真服务 (chuánzhēnfúwù 추안쩐푸우) 팩스서비스

供餐服务 (gòngcānfúwù 꽁찬푸우) 식사서비스

餐券 (cānquàn 찬취엔) 식권

送餐服务 (sòngcānfúwù 쏭찬푸우) 룸 식사서비스

叫醒服务 (jiàoxǐngfúwù 찌아오싱푸우) 모닝콜

 부대시설

小卖店 (xiǎomàidiàn 시아오마이띠엔) 매점

餐厅 (cāntīng 찬팅) 레스토랑

咖啡厅 (kāfēitīng 카페이팅) 커피숍

宴会厅 (yànhuìtīng 이엔후에이팅) 연회장

夜总会 (yèzǒnghuì 이에종후에이) 나이트클럽

舞厅 (wǔtīng 우팅) 댄스홀

迪厅 (dítīng 디팅) 디스코홀

PART 09

동식물

주변에서 볼 수 있는 동물바다와 수족관
생물
조류
야생동물
파충류
곤충
해조류와 수초
미생물
초목
수목

동물과 관련된 그림 단어

大象(dàxiàng) 코끼리

猴子(hóuzi) 원숭이

大猫熊(dàmāoxióng) 자이언트 판다

麒麟(qílín) 기린

熊(xióng) 곰

马(mǎ) 말

老虎(lǎohǔ) 호랑이

狮子(shīzi) 사자

주변에서 볼 수 있는 동물

蜂窝 (fēngwō 펑워) 벌집

蜂王 (fēngwáng 펑왕) 여왕벌

蜜蜂 (mìfēng 미펑) 꿀벌

工蜂 (gōngfēng 꿍펑) 일벌

土蜂 (tǔfēng 투펑) 땅벌

马蜂 (mǎfēng 마펑) 나나니벌

雄蜂 (xióngfēng 시옹펑) 수벌

蚊子 (wénzi 원즈) 모기

苍蝇 (cāngying 창잉) 파리

蛆 (qū 취) 구더기

虻 (méng 멍) 등에

蜘蛛 (zhīzhū 쯔쭈) 거미

蟑螂 (zhángláng 장랑) 바퀴벌레

跳蚤 (tiàozao 티아오자오) 벼룩

虱子 (shīzi 스즈) 이

臭虫 (chòuchóng 초우총) 빈대

蚂蚁 (mǎyǐ 마이) 개미

工蚁 (gōngyǐ 꽁이) 일개미

螨 (mǎn 만) 진드기

牛 (niú 니우) 소

奶牛 (nǎiniú 니우나이) 우유

水牛 (shuǐniú 수에이니우) 물소

黄牛 (huángniú 후앙니우) 황소

牦牛 (máoniú 마오니우) 야크

羊 (yáng 양) 양

山羊 (shānyáng 산양) 염소

绵羊 (miányáng 미엔양) 면양

羚羊 (língyáng 링양) 영양

马 (mǎ 마) 말

驴 (lǘ 뤼) 당나귀

骡 (luó 루어) 노새

骆驼 (luòtuo 루어투어) 낙타

水貂 (shuǐdiāo 수에이띠아오) 밍크

紫貂 (zǐdiāo 즈띠아오) 검은담비

狼 (láng 랑) 이리

豪猪 (háozhū 하오주) 멧돼지

刺猬 (cìwei 츠웨이) 고슴도치

松鼠 (sōngshǔ 쏭수) 다람쥐

鼹鼠 (yǎnshǔ 이엔수) 두더지

蝙蝠 (biānfú 삐엔푸) 박쥐

貉 (hé 흐어) 오소리

狐狸 (húli 후리) 여우

바다와 수족관 생물

鲸鱼 (jīngyú 찡위) 고래

海象 (hǎixiàng 하이시앙) 바다코끼리

海狮 (hǎishī 하이스) 바다사자

海豹 (hǎibào 하이빠오) 바다표범

海狗 (hǎigǒu 하이고우) 물개

海豚 (hǎitún 하이툰) 돌고래

鲨鱼(鲟) (shāyú 샤위)(xún 쉰) 상어

鲸鲨 (jīngshā 찡샤) 고래상어

翻车鱼 (fānchēyú 판처위) 개복치

鳐 (yáo 야오) 가오리

海獭 (hǎitǎ 하이타) 해달

水獭 (shuǐtǎ 수에이타) 수달

海鳗 (hǎimán 하이만) 갯장어

寄居蟹 (jìjūxiè 찌쮜시에) 소라게

海螺 (hǎiluó 하이루어) 소라

海葵 (hǎikuí 하이쿠에이) 말미잘

海星 (hǎixīng 하이싱) 불가사리

珊瑚 (shānhú 샨후) 산호초

鳄鱼 (èyú 으어위) 악어

海龟 (hǎiguī 하이꾸에이) 바다거북

蝌蚪 (kēdǒu 크어더우) 올챙이

青蛙 (qīngwā 칭와) 개구리

乌龟 (wūguī 우꾸에이) 거북

甲鱼 (jiǎyú 지아위) 자라

 조류

金丝雀 (jīnsīquè 찐쓰취에) 카나리아

鹦哥 (yīnggē 잉끄어) 잉꼬

鹦鹉 (yīngwǔ 잉우) 앵무새

八哥 (bāgē 빠끄어) 구관조

黄莺 (huángyīng 후앙잉) 꾀꼬리

鸽子 (gēzi 끄어즈) 비둘기

朱鹭 (zhùlù 쭈루) 따오기

白鹳 (báiguàn 바이꾸안) 황새

喜雀 (xǐquè 지취에) 까치

孔雀 (kǒngquè 콩취에) 공작새

天鹅 (tiān'é 티엔으어) 백조

鹅 (é 으어) 거위

丹顶鹤 (dāndǐnghè 딴딩흐어) 두루미

火烈鸟 (huǒlièniǎo 후어리에니아오) 홍학 플라밍고

企鹅 (qǐ'é 치으어) 펭귄

鸵鸟 (tuóniǎo 투어니아오) 타조

山鸡 (shānjī 샨찌) 꿩

吐绶鸡 (tǔshòujī 투셔우찌) 칠면조

白鹭 (báilù 바이루) 백로

燕子 (yànzi 이엔즈) 제비

麻雀 (máquè 마취에) 참새

云雀 (yúnquè 윈취에) 종달새

翠鸟 (cuìniǎo 추에이니아오) 물총새

啄木鸟 (zhuómùniǎo 주어무니아오) 딱따구리

布谷 (bùgǔ 뿌구) 뻐꾸기

信天翁 (xìntiānwēng 신티엔웡) 신천옹

乌鸦 (wūyā 우야) 까마귀

鸳鸯 (yuānyāng 위엔양) 원앙새

鹌鹑 (ānchún 안춘) 메추라기

鸭子 (yāzi 야즈) 오리

鸡 (jī 찌) 닭

大雁 (dàyàn 따이엔) 기러기

秃鹫 (tūjiù 투찌우) 대머리 독수리

 야생동물

熊 (xióng 시옹) 곰

白熊 (báixióng 바이시옹) 흰곰, 백곰

树袋熊 (shùdàixióng 수따이시옹) 코알라

大象 (dàxiàng 따시앙) 코끼리

狮子 (shīzi 스즈) 사자

豹子 (bàozi 빠오즈) 표범

老虎 (lǎohǔ 라오후) 호랑이

大猩猩 (dàxīngxīng 따싱싱) 고릴라

猩猩 (xīngxīng 싱싱) 오랑우탄

狒狒 (fèifèi 페이페이) 비비

猴子 (hóuzi 허우즈) 원숭이

驯鹿 (xúnlù 쉰루) 순록

麝 (shè 셔) 사향노루

犀牛 (xīniú 시니우) 코뿔소

大袋鼠 (dàdàishǔ 따따이수) 캥거루

 파충류

蛇 (shé 셔) 뱀

蝮蛇 (fùshé 푸셔) 살무사

响尾蛇 (xiǎngwěishé 시앙웨이셔) 방울뱀

蟒蛇 (mǎngshé 망셔) 구렁이

银环蛇 (yínhuánshé 인후안셔) 우산뱀

海蛇 (hǎishé 하이셔) 바다뱀 물뱀

石龙子 (shílóngzi 스롱즈) 도마뱀

巨蜥 (jùxī 쥐시) 왕도마뱀

变色龙 (biànsèlóng 삐엔쓰어롱) 카멜레온

甲鱼 (jiǎyú 지아위) 자라

蚯蚓 (qiūyǐn 치우인) 지렁이

蜗牛 (wōniú 워니우) 달팽이

蝎子 (xiēzi 시에즈) 전갈

 곤충

蜻蜓 (qīngtíng 칭팅) 잠자리

蜘了 (zhīliǎo 쯔리아오) 거미

金龟子 (jīnguīzi 찐꾸에이즈) 풍뎅이

独角仙 (dújiǎoxiān 두지아오시엔) 투구벌레, 장수풍뎅이

螳螂 (tángláng 탕랑) 사마귀

蚱蜢 (zhàměng 짜멍) 메뚜기

蝈蝈儿 (guōguor 구어구얼) 여치

瓢虫 (piáochóng 피아오총) 무당벌레

蛐蛐儿 (qūqur 취취얼) 귀뚜라미

龙虱 (lóngshī 롱스) 물방개

屎壳螂 (shīkēláng 스크어랑) 말똥구리, 쇠똥구리

象甲 (xiàngjiǎ 시앙지아) 바구미

天牛 (tiānniú 티엔니우) 뽕나무하늘소

纺织娘 (fǎngzhīniáng 팡쯔니앙) 베짱이

叩头虫 (kòutóuchóng 커우터우총) 방아벌레

步行虫 (bùxíngchóng 뿌싱총) 딱정벌레

蚂蟥 (mǎhuáng 마후앙) 말거머리

蛹 (yǒng 용) 번데기

幼虫 (yòuchóng 여우총) 유충

家蚕 (jiācán 찌아찬) 집누에

茧儿 (jiǎnr 지얄) (누에)고치

蚕蛾 (cán'é 찬으어) 누에나방

蛾子 (ézi 으어즈) 나방

蝴蝶 (húdié 후디에) 나비

해조류와 수초

海藻 (hǎizǎo 하이자오) 해조, 바닷말

裙带菜 (qúndàicài 췬따이차이) 미역

昆布 (kūnbù 쿤뿌) 다시마

羊栖菜 (yángxīcài 양시차이) 녹미채

紫菜 (zǐcài 즈차이) 김, 해태

海人草 (hǎiréncǎo 하이런차오) 해인초

小球藻 (xiǎoqiúzǎo 시아오치우자오) 클로렐라

芦苇 (lúwěi 루웨이) 갈대

菖蒲 (chāngpú 창푸) 창포

香蒲 (xiāngpú 시앙푸) 향포, 부들

紫萍 (zǐpíng 즈핑) 개구리밥, 부평초

金鱼藻 (jīnyúzǎo 찐위자오) 붕어마름

莲 (lián 리엔) 연

荷花 (héhuā 흐어후아) 연(꽃)

藕 (ǒu 어우) 연근, 연뿌리

菱 (líng 링) 마름

硅藻 (guīzǎo 꾸에이자오) 규조

미생물

酒酵菌 (jiàomǔjǔn 찌아오무쥔) 발효균

酵母 (jiàomǔ 찌아오무) 효모

霉菌 (méijǔn 메이쥔) 곰팡이

曲霉 (qūméi 취메이) 누룩곰팡이

青霉 (qīngméi 칭메이) 푸른곰팡이

细菌 (xìjǔn 시쥔) 세균

球菌 (qiújǔn 치우쥔) 구균

杆菌 (gānjǔn 깐쥔) 막대균

螺旋菌 (luóxuǎnjùn 루어쉬엔쮠) 나선균

蘑菇 (mógu 모어꾸) 버섯

香菇 (xiānggū 시앙꾸) 표고버섯

洋蘑菇 (yángmógu 양모어꾸) 양송이

松蕈 (sōngxùn 쏭쉰) 송이(버섯)

木耳 (mù'ěr 무얼) 목이버섯

灵芝 (língzhī 링쯔) 영지

茯苓 (fúlíng 푸링) 복령

冬虫夏草 (dōngchóngxiàcǎo 똥총시아차오) 동충하초

**초목**

樱花 (yīnghuā 잉후아) 벚꽃

菊花 (júhuā 쥐후아) 국화

梅花 (méihuā 메이후아) 매화

牡丹 (mǔdān 무딴) 모란

杜鹃花 (dùjuānhuā 뚜쮜엔후아) 진달래

绣球 (xiùqiú 시우치우) 수국

玫瑰 (méigui 메이구에이) 장미

百合花 (bǎihéhuā 바이흐어후아) 백합

大丽花 (dàlìhuā 따리후아) 달리아

蒲公英 (púgōngyīng 푸꽁잉) 민들레

向日葵 (xiàngrìkuí 시앙르쿠에이) 해바라기

郁金香 (yùjīnxiāng 위찐시앙) 튤립

康乃馨 (kāngnǎixīn 캉나이신) 카네이션

紫丁香 (zǐdīngxiāng 즈띵시앙) 라일락

芍药 (sháoyao 샤오야오) 작약

迎春花 (yíngchūnhuā 잉춘후아) 개나리

三色堇 (sānsèjǐn 싼쓰어진) 팬지

紫薇 (zǐwēi 즈웨이) 백일홍

虞美人 (yúměirén 위메이런) 개양귀비

昙花 (tánhuā 탄후아) 칸나

兰花 (lánhuā 란후아) 난초

洋槐 (yánghuái 양후아이) 아카시아

山茶花 (shāncháhuā 산차후아) 산다화, 동백꽃

长春花 (chángchūnhuā 창춘후아) 금잔화

수목

松树 (sōngshù 쏭수) 소나무

赤松 (chìsōng 츠쏭) 적송

黑松 (hēisōng 헤이쏭) 흑송

柳树 (liǔshù 리우수) 버드나무

垂杨柳 (chuíyángliǔ 추에이양리우) 수양버들

水杨 (shuǐyáng 수에이양) 수양버들

白杨 (báiyáng 바이양) 백양

柏树 (bǎishù 바이수) 측백나무

白桦 (báihuà 마이후아) 자작나무

榆树 (yúshù 위수) 느릅나무

银杏 (yínxìng 인싱) 은행나무

榉树 (jǔshù 쥐수) 느티나무

山毛榉 (shānmáojǔ 산마오쥐) 너도밤나무

桐树 (tóngshù 통수) 오동나무

梧桐 (wútóng 우퉁) 벽오동

法国梧桐 (fǎguówútóng 파구어우퉁) 플라타너스

桉树 (ānshù 안수) 유칼리

樟树 (zhāngshù 짱수) 녹나무

月桂树 (yuèguìshù 위에꾸에이수) 월계수

香榧 (xiāngfěi 시앙페이) 비자나무

桑树 (sāngshù 쌍수) 뽕나무

槐树 (huáishù 후아이수) 홰나무

椰子 (yēzi 이에즈) 야자나무

菩提树 (pútíshù 푸티수) 보리수

枫树 (fēngshù 펑수) 단풍나무

柚木 (yòumù 여우무) 유자나무

椿树 (chūnshù 춘수) 참죽나무

PART 10

문화와 스포츠

영화
영화의 종류
음악
악기
연극
그림과 공예
서예
애완동물
낚시
게임
스포츠 용어
스포츠 항목
건강 스포츠
격투기
구기종목
육상경기
레저스포츠

스포츠와 취미에 관련된 그림 단어

- ① 棒球 bàngqiú 야구
- ② 篮球 lánqiú 농구
- ③ 烹饪 pēngrèn 요리
- ④ 钓鱼 diàoyú 낚시
- ⑤ 武术 wǔshù 우슈
- ⑥ 高尔夫球 gāo'ěrfūqiú 골프
- ⑦ 马拉松 mǎlāsōng 마라톤
- ⑧ 读书 dúshū 독서
- ⑨ 足球 zúqiú 축구
- ⑩ 帆板 fānbǎn 서핑
- ⑪ 网球 wǎngqiú 테니스
- ⑫ 球 qiú 공
- ⑬ 自行车比赛 zìxíngchē bǐsài 사이클링
- ⑭ 摔跤 shuāijiāo 레슬링
- ⑮ 游泳 yóuyǒng 수영
- ⑯ 美式足球 měishìzúqiú 미식축구
- ⑰ 休闲潜水 xiūxián qiánshuǐ 스쿠버다이빙

영화

电影 (diànyǐng 띠엔잉) 영화

影坛 (yǐngtán 잉탄) 영화계

电影院 (diànyǐngyuàn 띠엔잉위엔) 영화관

银幕 (yínmù 인무) 스크린

剧本作者 (jùběnzuòzhě 쮜번쭈어저) 시나리오작가

制片人 (zhìpiànrén 쯔피엔런) 프로듀서

导演 (dǎoyǎn 다오이엔) 감독

电影明星 (diànyǐngmíngxīng 띠엔잉밍싱) 스타

男演员 (nányǎnyuán 난이엔위엔) 남우

女演员 (nǚyǎnyuán 뉘이엔위엔) 여우

主角 (zhǔjiǎo 주지아오) 주연

配角 (pèijiǎo 페이지아오) 조연

配音演员 (pèiyīnyǎnyuán 페이인이엔위엔) 성우

替身演员 (tìshēnyǎnyuán 티션이엔위엔) 스턴트맨

临时演员 (línshíyǎnyuán 린스이엔위엔) 엑스트라

摄影师 (shèyǐngshī 셔잉스) 스튜디오

布景 (bùjǐng 뿌징) 세트

舞美设计 (wǔměishèjì 우메이셔찌) 무대효과

灯光设计 (dēngguāngshèjì 떵꾸앙셔찌) 조명효과

外景摄影 (wàijǐngshèyǐng 와이징셔잉) 로케이션

摄影镜头 (shèyǐngjìngtóu 셔잉찡터우) 촬영장면

电影节 (diànyǐngjié 띠엔잉지에) 영화제

首次上映 (shǒucìshàngyìng 셔우츠상잉) 로드쇼

长期上映 (chángqīshàngyìng 창치상잉) 롱런

 영화의 종류

黑白片 (hēibáipiàn 헤이바이피엔) 흑백영화

无声片 (wúshēngpiàn 우성피엔) 무성영화

译制片 (yìzhìpiàn 이쯔피엔) 더빙한 영화

彩色片 (cǎisèpiàn 차이쓰어피엔) 컬러영화

立体电影 (lìtǐdiànyǐng 리티띠엔잉) 입체영화

宽影幕电影 (kuānyǐngmùdiànyǐng 쿠안잉무띠엔잉) 와이드스크린영화

动画片 (dònghuàpiàn 똥후아피엔) 에니메이션

木偶片 (mù'ǒupiàn 무어우피엔) 인형영화

记录片 (jìlùpiàn 찌루피엔) 다큐멘터리

新闻片 (xīnwénpiàn 신원피엔) 뉴스영화

历史片 (lìshǐpiàn 리스피엔) 시대극

故事片 (gùshìpiàn 꾸스피엔) 극영화

艺术片 (yìshùpiàn 이수피엔) 예술영화

歌舞片 (gēwǔpiàn 끄어우피엔) 뮤지컬영화

武打片 (wǔdǎpiàn 우다피엔) 무협영화

恐怖片 (kǒngbùpiàn 콩뿌피엔) 공포영화

惊险片 (jīngxiǎnpiàn 찡시엔피엔) 스릴러영화

春宫片 (chūngōngpiàn 춘꽁피엔) 포르노영화

 음악

古典音乐 (gǔdiǎnyīnyuè 구디엔인위에) 클래식

歌剧音乐 (gējùyīnyuè 끄어쮜인위에) 오페라

大众音乐 (dàzhòngyīnyuè 따쫑인위에) 대중음악

拉美音乐 (lāměiyīnyuè 라메이인위에) 라틴음악

爵士乐 (juéshìyuè 쥐에스위에) 재즈

爵士灵歌 (juéshìlínggē 쥐에스링끄어) 소울

交响曲 (jiāoxiǎngqǔ 찌아오시앙취) 교향곡

协奏曲 (xiézòuqǔ 시에쩌우취) 협주곡

奏鸣曲 (zòumíngqǔ 쩌우밍취) 쏘나타

幻想曲 (huànxiǎngqǔ 후안시앙취) 환상곡

狂想曲 (kuángxiǎngqǔ 쿠앙시앙취) 광상곡

小夜曲 (xiǎoyèqǔ 시아오이에취) 소야곡

催眠曲 (cuīmiánqǔ 추에이미엔취) 자장가

民歌 (míngē 민끄어) 민요

流行歌曲 (liúxínggēqū 리우싱끄어취) 유행가

摇滚乐 (yáogǔnyuè 야오군위에) 록음악

小调 (xiǎodiào 시아오띠아오) 단조 단음계

卡拉OK (kǎlāOK 카라오케이) 가라오케

华尔兹 (huá'ěrzi 후아얼즈) 왈츠

探戈 (tàngē 탄끄어) 탱고

布鲁斯 (bùlǔsī 뿌루쓰) 블루스

伦巴 (lúnbā 룬빠) 룸바

桑巴 (sāngbā 쌍빠) 삼바

吉尔巴 (jí'ěrbā 지얼빠) 지루박

恰恰恰 (qiàqiàqià 치아치아치아) 차차차

曼波 (mànbō 만뽀어) 맘보

芭蕾舞 (bāléiwǔ 빠레이우) 발레

集体舞 (jítǐwǔ 지티우) 포크댄스

交际舞 (jiāojìwǔ 찌아오찌우) 사교댄스

迪斯科 (dísīkē 디쓰크어) 디스코

旋律 (xuánlǜ 쉬엔뤼) 멜로디

节奏 (jiézòu 지에쩌우) 리듬

和声 (héshēng 흐어셩) 하모니

左嗓子 (zuǒsǎngzi 주어쌍즈) 음치

哑嗓 (yāsǎng 야쌍) 허스키

 악기

弦乐器 (xiányuèqì 시엔위에치) 현악기

小提琴 (xiǎotíqín 시아오티친) 바이올린

大提琴 (dàtíqín 따티친) 비올라

低音提琴 (dīyīntíqín 디인티친) 첼로

倍大提琴 (bèidàtíqín 뻬이따티친) 콘트라베이스

竖琴 (shùqín 수친) 하프

10

吉他 (jítā 지타) 기타

管乐器 (guǎnyuèqì 구안위에치) 관악기

单黄管 (dānhuángguǎn 딴후앙구안) 클라리넷

萨克斯管 (sàkèsīguǎn 싸크어쓰구안) 색소폰

双黄管 (shuānghuángguǎn 수앙후앙구안) 오보에

长笛 (chángdí 창디) 플루트

短笛 (duǎndí 두안디) 피콜로

长号 (chánghào 창하오) 트롬본

小号 (xiǎohào 시아오하오) 트럼펫

圆号 (yuánhào 위엔하오) 프렌치 호른

钢琴 (gāngqín 깡친) 피아노

电子琴 (diànzǐqín 띠엔즈친) 전자오르간

风琴 (fēngqín 펑친) 오르간

手风琴 (shǒufēngqín 셔우펑친) 아코디언

笛子 (dízi 디즈) 피리

笙 (shēng 셩) (퉁)소

喇叭 (lǎba 라빠) 나팔

口琴 (kǒuqín 커우친) 하모니카

锣 (luó 루어) 징

鼓 (gǔ 구) 북

胡琴 (húqín 후친) 호금

琵琶 (pípá 피파) 비파

扬琴 (yángqín 양친) 양금

古筝 (gǔzhēng 구쩡) 쟁

 연극

戏剧 (xìjù 시쮜) 연극

话剧 (huàjù 후아쮜) 연극

地方剧 (dìfāngjù 띠팡쮜) 지방극

哑剧 (yǎjù 야쮜) 팬터마임

木偶剧 (mù'ǒujù 무어우쮜) 인형극

魔术 (móshù 모수) 마술

杂技 (zájì 자찌) 서커스

车技 (chējì 처찌) 자전거곡예

飞车走壁 (fēichēzǒubì 페이처저우삐) 오토바이곡예

转碟 (zhuàndié 쭈안디에) 접시돌리기

그림과 공예

绘画 (huìhuà 후에이후아) 회화

油画 (yóuhuà 여우후아) 유화

水墨画 (shuǐmòhuà 수에이모어후아) 수묵화

水彩画 (shuǐcǎihuà 수에이차이후아) 수채화

雕塑 (diāosù 띠아오쑤) 조각

木雕 (mùdiāo 무띠아오) 나뭇조각

版画 (bǎnhuà 반후아) 판화

陶瓷器 (táocí 타오츠) 도자기

瓷器 (cíqì 츠치) 자기

瓷土 (cítǔ 츠투) 자토

瓷砖 (cízhuān 츠쭈안) 타일

漆器 (qīqì 치치) 칠기

刺绣 (cìxiù 츠시우) 자수

景泰蓝 (jǐngtàilán 징타이란) 칠보

剪纸 (jiǎnzhǐ 지엔즈) 종이세공

竹编 (zhúbiān 주삐엔) 죽세공

料器 (liàoqì 리아오치) 유리세공

서예

书法 (shūfǎ 수파) 서도

毛笔 (máobǐ 마오비) 붓

笔筒 (bǐtǒng 비통) 붓꽂이

砚台 (yàntái 이엔타이) 벼루

砚屏 (yànpíng 이엔핑) 연병

墨 (mò 모어) 먹

墨盒 (mòhé 모어흐어) 먹통

墨水 (mòshuǐ 모어수에이) 먹물

纸 (zhǐ 즈) 종이

毡子 (zhānzi 짠즈) 모전

 ### 애완동물

鸟龙子 (niǎolóngzi 니아오롱즈) 새장

巢箱 (cháoxiāng 차오시앙) 새집

粟子缸 (sùzigāng 쑤즈깡) 먹이통

水缸 (shuǐgāng 수에이깡) 물통

鱼缸 (yúgāng 위깡) 어항

热带鱼缸 (rèdàiyúgāng 르어따이위깡) 열대어용 수조

打气机 (dǎqìjī 다치찌) 에어펌프

加热机 (jiārèjī 찌아르어찌) 히터

宠物商店 (chǒngwùshāngdiàn 총우상띠엔) 펫샵

宠物医院 (chǒngwùyīyuàn 총우이위엔) 동물병원

宠物食品 (chǒngwùshípǐn 총우스핀) 펫푸드

养宠物迷 (yǎngchǒngwùmí 양총우미) 펫마니아

兽医 (shòuyī 셔우이) 수의

狗 (gǒu 고우) 개

狼狗 (lánggǒu 랑고우) 셰퍼드

猫 (māo 마오) 고양이

 낚시

海上垂钓 (hǎishàngchuídiào 하이상추에이띠아오) 바다낚시

钓鱼船 (diàoyúchuán 띠아오위추안) 낚싯배

钓鱼迷 (diàoyúmí 띠아오위미) 낚시광

钓鱼具 (diàoyújù 띠아오위쮜) 뜰게

钓鱼竿 (diàoyúgān 띠아오위깐) 낚싯대

钓钩 (diàogōu 띠아오꼬우) 낚싯바늘

延绳钩 (yánshénggōu 이엔성꼬우) 루어

浮标 (fúbiāo 푸삐아오) 찌

发光浮标 (fāguāngfúbiāo 파꾸앙푸삐아오) 야광찌

铅坠 (qiānzhuì 치엔쭈에이) 추

鱼耳 (yú'ěr 위얼) 미끼

 게임

麻将 (májiàng 마찌앙) 마작

围棋 (wéiqí 웨이치) 바둑

扑克牌 (pūkèpái 푸크어파이) 트럼프

桥牌 (qiáopái 치아오파이) 브리지

象棋 (xiàngqí 시앙치) 장기

国际象棋 (guójìxiàngqí 구어찌시앙치) 체스

跳棋 (tiàoqí 티아오치) 다이아몬드게임

纸牌 (zhǐpái 즈파이) 카루다

电视游戏 (diànshìyóuxì 띠엔스여우시) 텔레비전게임

 **스포츠 용어**

奥运会 (àoyùnhuì 아오윈후에이) 올림픽

亚运会 (yàyùnhuì 야윈후에이) 아시안게임

五环旗 (wǔhuánqí 우후안치) 오륜기

吉祥物 (jíxiángwù 지시앙우) 마스코트

开幕式 (kāimùshì 카이무스) 개막식

闭幕式 (bìmùshì 삐무스) 폐막식

拉拉队 (lālāduì 라라뚜에이) 응원단

助威 (zhùwēi 쭈웨이) 응원하다

加油! (jiāyóu 찌아여우) 파이팅!

犯规 (fànguī 판꾸에이) 반칙

黄卡 (huángkǎ 후앙카) 옐로우카드

兴奋剂检测 (xīngfènjìjiǎncè 싱펀찌지엔츠어) 도핑검사

比分 (bǐfēn 비펀) 스코어

赢 (yíng 잉) 승리

输 (shū 수) 패배

平局 (píngjú 핑쥐) 무승부

金牌 (冠军) (jīnpái 찐파이)(guānjūn 꾸안쮠) 금메달

银牌 (亚军) (yínpái 인파이)(yàjūn 야쮠) 은메달

铜牌 (季军) (tóngpái 통파이)(jìjūn 찌쮠) 동메달

领队 (lǐngduì 링뚜에이) 주장

教练 (jiàoliàn 찌아오리엔) 코치

管理人 (guǎnlǐrén 구안리런) 매니저

运动员 (yùndòngyuán 윈똥위엔) 선수

预备队员 (yùbèiduìyuán 위뻬이뚜에이위엔) 예비선수

竞技场 (jìngjìchǎng 찡찌창) 경기장

操场 (cāochǎng 차오창) 그라운드

体育场 (tǐyùchǎng 티위창) 스타디움

体育馆 (tǐyùguǎn 티위구안) 체육관

球场 (qiúchǎng 치우창) 코트

拳击场 (quánjīchǎng 취엔찌창) 링

滑冰场 (huábīngchǎng 후아삥창) 스케이트장

游泳池 (yóuyǒngchí 여우용츠) 수영장

比赛 (bǐsài 비싸이) 시합

淘汰赛 (táotàisài 타오타이싸이) 토너먼트

联赛 (liánsài 리엔싸이) 리그전

安慰赛 (ānwèisài 안웨이싸이) 패자부활전

锦标赛 (jǐnbiāosài 진삐아오싸이) 선수권대회

邀请赛 (yāoqǐngsài 야오칭싸이) 초청경기

表演赛 (biǎoyǎnsài 비아오이엔싸이) 시범경기

全明星赛 (quánmíngxīngsài 취엔밍싱싸이) 올스타전

友谊赛 (yǒuyìsài 여우이싸이) 친선경기

世界杯比赛 (shìjièbēibǐsài 스찌에뻬이비싸이) 월드컵

预赛 (yùsài 위싸이) 예선

半决赛 (bànjuésài 빤쥐에싸이) 준결승

决赛 (juésài 쥐에싸이) 결승

 스포츠 항목

健康运动 (jiànkāngyùndòng 찌엔캉윈똥) 건강스포츠

体育运动 (tǐyùyùndòng 티위윈똥) 체육

体操运动 (tǐcāoyùndòng 티차오윈똥) 체조경기

娱乐运动 (yúlèyùndòng 위러윈똥) 오락성운동

格斗技巧运动 (gédǒujìqiǎoyùndòng 그어더우찌치아오윈똥) 격투기

技巧运动 (jìqiǎoyùndòng 찌치아오윈똥) 아크로스포츠

田径运动 (tiánjìngyùndòng 티엔찡윈똥) 육상경기

球类运动 (qiúlèiyùndòng 치우레이윈똥) 구기운동

跳伞运动 (tiàosǎnyùndòng 티아오싼윈똥) 파라슈트경기

游泳 (yóuyǒng 여우용) 수영

水球运动 (shuǐqiúyùndòng 수에이치우윈똥) 수구경기

潜水运动 (qiánshuǐyùndòng 치엔수에이윈똥) 스킨다이빙

岩石攀登 (yánshípāndēng 이엔스판떵) 암벽타기

赛马 (sàimǎ 싸이마) 경마

自行车比赛 (zìxíngchēbǐsài 쯔싱처비싸이) 경륜

汽车比赛 (qìchēbǐsài 치처비싸이) 오토레이스

摩托车比赛 (mótuōchēbǐsài 모어투어처비싸이) 오토바이레이스

摩托艇比赛 (mótuōtǐngbǐsài 모어투어팅비싸이) 경정

八桨划船 (bājiǎnghuáchuán 빠지앙후아추안) 조정

皮艇船 (pítǐngchuán 피팅추안) 카누

건강 스포츠

步行 (bùxíng 뿌싱) 워킹, 걷기

慢跑 (mànpǎo 만파오) 조깅

跑步 (pǎobù 파오뿌) 러닝 달리기

长跑 (chángpǎo 창파오) 장거리경주

马拉松 (mǎlāsōng 마라쏭) 마라톤

自行车运动 (zìxíngchēyùndòng 쯔싱처윈똥) 사이클링

韵律体操 (yùnlǜtǐcāo 윈뤼티차오) 에어로빅

健美舞 (jiànměiwǔ 찌엔메이우) 에어로빅댄스

伸展操 (shēnzhǎncāo 션잔차오) 스트레칭체조

健美运动 (jiànměiyùndòng 찌엔메이윈똥) 보디빌딩

健美操 (jiànměicāo 찌엔메이차오) 미용체조

举重训练 (jǔzhòngxùnliàn 쥐쫑쉰리엔) 웨이트 트레이닝

健美俱乐部 (jiànměijùlèbù 찌엔메이쮜러뿌) 스포츠클럽

健身机械 (jiànshēnjīxiè 찌엔메이찌시에) 트레이닝머신

健身车 (jiànshēnchē 찌엔션처) 트레이닝사이클

跑步器 (pǎobùqì 파오뿌치) 러닝머신

哑铃 (yālíng 야링) 아령

拉力器 (lāliqì 라리치) 엑스팬더

气功 (qìgōng 치꽁) 기공

 격투기

摔交 (shuāijiāo 수아이찌아오) 레슬링

拳击 (quánjī 취엔찌) 권투

柔道 (róudào 러우따오) 유도

剑道 (jiàndào 찌엔따오) 검도

职业摔交 (zhíyèshuāijiāo 즈이에수아이찌아오)
프로레슬링

击剑 (jījiàn 찌찌엔) 펜싱

 구기종목

棒球 (bàngqiú 빵치우) 야구

垒球 (lěiqiú 레이치우) 소프트볼

足球 (zúqiú 주치우) 축구

排球 (páiqiú 파이치우) 배구

篮球 (lánqiú 란치우) 농구

羽毛球 (yǔmáoqiú 위마오치우) 배드민턴

乒乓球 (pīngpāngqiú 핑팡치우) 탁구

网球 (wǎngqiú 왕치우) 테니스

橄榄球 (gǎnlǎnqiú 간란치우) 럭비

美式橄榄球 (měishìgǎnlǎnqiú 메이스간란치우) 미식축구

曲棍球 (qūgùnqiú 취꾼취우) 필드하키

冰球 (bīngqiú 삥치우) 아이스하키

水球 (shuǐqiú 수에이치우) 수구

板球 (bǎnqiú 반치우) 크리켓

手球 (shǒuqiú 셔우치우) 핸드볼

壁球 (bìqiú 삐치우) 스쿼시

 육상경기

田径运动 (tiánjìngyùndòng 탄찡윈똥) 육상경기

田赛 (tiánsài 티엔싸이) 필드경기

径赛 (jìngsài 찡싸이) 트랙경기

跳远 (tiàoyuǎn 티아오위엔) 멀리뛰기

跳高 (tiàogāo 티아오까오) 높이뛰기

撑竿跳高 (chēnggāntiàogāo 청깐티아오까오)
　　　　장대높이뛰기

推铅球 (tuīqiānqiú 투에이치엔치우) 포환던지기

掷铁饼 (zhìtiěbǐng 쯔티에빙) 원반던지기

掷链球 (zhìliànqiú 쯔리엔치우) 투포환던지기

掷标枪 (zhìbiāoqiāng 쯔삐아오치앙) 창던지기

短跑 (duǎnpǎo 두안파오) 단거리

中跑 (zhōngpǎo 쫑파오) 중거리

长跑 (chángpǎo 창파오) 장거리

竞走 (jìngzǒu 찡저우) 경주

马拉松 (mǎlāsōng 마라쏭) 마라톤

接力赛 (jiēlìsài 찌에리싸이) 릴레이

跨栏赛跑 (kuàlánsàipǎo 쿠아란싸이파오) 허들경기

越野滑雪 (yuèyěhuáxuě 위에이에후아쉬에) 알파인 스키

레저스포츠

造型跳伞 (zàoxíngtiàosǎn 짜오싱티아오싼)
　　　　스카이다이빙

斯库巴潜水 (sīkùbāqiánshuǐ 쓰쿠빠치엔수에이)
　　　수쿠버다이빙

汽艇拖滑行 (qìtǐngtuōbǎnhuáxíng 치팅투어반후아싱)
　　　수상스키

风帆冲浪运动 (fēngfānchōnglàngyùndòng 펑판총랑
　　　윈똥) 윈드서핑

滑冰 (huábīng 후아삥) 아이스스케이트

滑雪 (huáxuě 후아쉬에) 스키

射击 (shèjī 셔찌) 사격

门球 (ménqiú 먼치우) 게이트볼

槌球 (chuíqiú 추에이치우) 크로케

保龄球 (bǎolíngqiú 바오링치우) 볼링

台球 (táiqiú 타이치우) 당구

掰腕子 (bāiwànzi 바이완즈) 팔씨름

打骑马仗 (dǎqímǎzhàng 다치마짱) 기마전

放风筝 (fàngfēngzhēng 팡펑쩡) 연날리기

拔河 (báhé 바흐어) 줄다리기

跳绳 (tiàoshéng 티아오성) 줄넘기

PART 11

자연과 학교

날씨
사계절
기후와 자연
교육
학교
학과와 과목
학교용품
필기구
예술

교실에 관련된 그림단어

1. 教室 jiàoshì 교실
2. 地球仪 dìqiúyí 지구의
3. 黑板 hēibǎn 칠판
4. 粉笔 fěnbǐ 분필
5. 老师 lǎoshī 선생님
6. 学生 xuésheng 학생
7. 书桌 shūzhuō 책상
8. 椅子 yǐzi 의자

날씨

天气 (tiānqì 티엔치) 날씨

太阳 (tàiyáng 타이양) 태양

阳光 (yángguāng 양꾸앙) 햇빛

星星 (xīngxing 싱싱) 별

月亮 (yuèliàng 위에리앙) 달

风 (fēng 펑) 바람

云 (yún 윈) 구름

露水 (lùshuǐ 루수에이) 이슬

霜 (shuāng 수앙) 서리

雪 (xuě 쉬에) 눈

雨 (yǔ 위) 비

虹 (hóng 홍) 무지개

毛毛雨 (máomáoyǔ 마오마오위) 이슬비

阵雨 (zhènyǔ 쩐위) 소나기

梅雨 (méiyǔ 메이위) 장마

闪电 (shǎndiàn 샨띠엔) 번개

雷 (léi 레이) 천둥

11

冰雹 (bīngbáo 삥바오) 우박

风暴 (fēngbào 펑빠오) 폭풍

台风 (táifēng 타이펑) 태풍

洪水 (hóngshuǐ 홍수에이) 홍수

沙尘暴 (shāchénbào 샤천빠오) 황사

红霓 (hóngní 홍니) 무지개

天气预报 (tiānqìyùbào 티엔치위빠오) 일기예보

阴天 (yīntiān 인티엔) 흐림

晴天 (qíngtiān 칭티엔) 맑음

冰 (bīng 삥) 얼다

潮湿 (cháoshī 차오스) 습하다

干燥 (gānzào 깐짜오) 건조하다

冷 (lěng 렁) 춥다/ 차다

凉快 (liángkuài 리앙쿠아이) 시원하다

暖和 (nuǎnhuo 누안후어) 따뜻하다

热 (rè 르어) 덥다

晴 (qíng 칭) 개다, 맑다

雨季 (yǔjì 위찌) 우기

节期 (jiéqī 지에치) 절기

 사계절

季节 (jìjié 찌지에) 계절

春天 (chūntiān 춘티엔) 봄

夏天 (xiàtiān 시아티엔) 여름

秋天 (qiūtiān 치우티엔) 가을

冬天 (dōngtiān 똥티엔) 겨울

 기후와 자연

气候 (qìhòu 치허우) 기후

寒带 (hándài 한따이) 한대

温带 (wēndài 원따이) 온대

寒流 (hánliú 한리우) 한류

暖流 (nuǎnliú 누안리우) 난류

温度 (wēndù 원뚜) 온도

摄氏 (shèshì 셔스) 섭씨

零上 (língshàng 링상) 영상

零下 (língxià 링시아) 영하

大陆 (dàlù 따루) 대륙

海 (haǐ 하이) 바다

海滨 (haǐbīn 하이삔) 해변

河 (hé 흐어) 강, 하천, 목

岸 (àn 안) 물가/ 강변

湖 (hú 후) 호수

池子 (chízi 츠즈) 못

沟 (gōu 꼬우) 개천, 도랑

山 (shān 샨) 산

山谷 (shāngǔ 샨구) 산골짜기

山脚 (shānjiǎo 샨지아오) 산기슭

山坡 (shānpō 샨포어) 산비탈

溪谷 (xīgǔ 시구) 계곡

地 (dì 띠) 땅

土地 (tǔdì 투띠) 토지

地面 (dìmiàn 띠미엔) 지면, 지표

草地 (cǎodì 차오띠) 초원

森林 (sēnlín 썬린) 삼림

树林子 (shùlínzi 수린즈) 숲

田地 (tiándì 티엔띠) 논밭

野外 (yěwài 이에와이) 야외

风景 (fēngjǐng 펑징) 풍경

 교육

教育 (jiàoyù 찌아오위) 교육(하다)

学问 (xuéwen 쉬에원) 학문

教导 (jiàodǎo 찌아오다오) 지도하다, 가르치다

义务教育 (yìwùjiàoyù 이우찌아오위) 의무교육

学 (xué 쉬에) 배우다

学习 (xuéxí 쉬에시) 학습(하다)

预习 (yùxí 위시) 예습(하다)

复习 (fùxí 푸시) 복습(하다)

自习 (zìxí 쯔시) 자습(하다)

留学 (liúxué 리우쉬에) 유학하다

成绩 (chéngjì 청찌) 성적

评分 (píngfēn 핑펀) 채점하다

学历 (xuélì 쉬에리) 학력

家教 (jiājiào 찌아찌아오) 가정교육

 학교

学校 (xuéxiào 쉬에시아오) 학교

托儿所 (tuō'érsuǒ 투어얼쑤어) 탁아소

幼儿园 (yòu'éryuán 여우얼위엔) 유치원

小学 (xiǎoxué 시아오쉬에) 소학교, 초등학교

初中 (chūzhōng 추쫑) 초급중학교(중학교)

高中 (gāozhōng 까오쫑) 고등학교

大学 (dàxué 따쉬에) 대학

研究生院 (yánjiūshēngyuàn 이엔찌우성위엔) 대학원

学历 (xuélì 쉬에리) 학력

补习班 (bǔxíbān 부시빤) 학원반, (보습)학원

学生 (xuésheng 쉬에성) 학생

新生 (xīnshēng 신성) 신입생

毕业生 (bìyèshēng 삐이에성) 졸업생

留学生 (liúxuéshēng 리우쉬에성) 유학생

老师 (lǎoshī 라오스) 선생님, 은사

校长 (xiàozhǎng 시아오장) (교장, 학장, 총장) 학교장

教授 (jiàoshòu 찌아오셔우) 교수

副教授 (fùjiàoshòu 푸찌아오셔우) 부교수

讲师 (jiǎngshī 지앙스) 강사

助教 (zhùjiào 쭈찌아오) 조교

班主任 (bānzhǔrèn 빤주런) 학급 담임

校歌 (xiàogē 시아오끄어) 교가

制服 (zhìfú 쯔푸) 제복

学生证 (xuéshengzhèng 쉬에성쩡) 학생증

考生 (kǎoshēng 카오셩) 수험생

考上 (kǎoshàng 카오샹) 합격하다

入学 (rùxué 루쉬에) 입학하다

休学 (xiūxué 시우쉬에) 휴학하다

复学 (fùxué 푸쉬에) 복학(하다)

11

毕业 (bìyè 삐이에) 졸업하다

中途退学 (zhōngtútuìxué 쭝투투에이쉬에) 퇴학

课 (kè 크어) 수업

讲课 (jiǎngkè 지앙크어) 강의

研究 (yánjiū 이엔찌우) 연구(하다)

实验 (shíyàn 스이엔) 실험(하다)

迟到 (chídào 츠따오) 지각(하다)

旷课 (kuàngkè 쿠앙크어) (학생이) 무단결석하다

作弊 (zuòbì 쭈어삐) 커닝하다

落后生 (luòhòushēng 루어허우성) 낙오생

上学 (shàngxué 상쉬에) 등교(하다)

下学 (xiàxué 시아쉬에) 하교(하다)

年纪 (niánjì 니엔찌) 학년

学期 (xuéqī 쉬에치) 학기

学费 (xuéfèi 쉬에페이) 학비

奖学金 (jiǎngxuéjīn 지앙쉬에찐) 장학금

教科书 (jiàokēshū 찌아오크어수) 교과서

参考书 (cānkǎoshū 찬카오수) 참고서

词典 (cídiǎn 츠디엔) 사전

作业 (zuòyè 쭈어이에) 숙제, 과제

考试 (kǎoshì 카오스) 시험

笔试 (bǐshì 비스) 필기시험

口试 (kǒushì 커우스) 구술(구두)시험

面试 (miànshì 미엔스) 면접시험

分数 (fēnshù 펀수) 점수

满分 (mǎnfēn 만펀) 만점

背 (bèi 뻬이) 암기하다

校舍 (xiàoshè 시아오셔) 교사

教室 (jiàoshì 찌아오스) 교실

体育馆 (tǐyùguǎn 티위구안) 체육관

图书馆 (túshūguǎn 투수구안) 도서관

布告牌 (bùgàopái 뿌까오파이) 게시판

校园 (xiàoyuán 시아오위엔) 교정, 캠퍼스

供餐 (gōngcān 꽁찬) 급식

郊游 (jiāoyóu 시아오여우) 소풍

修学旅游 (xiūxuélǚyóu 시우쉬에뤼여우) 수학여행

运动会 (yùndònghuì 윈똥후에이) 운동회

补习 (bǔxí 부시) 보습

补课 (bǔkè 부크어) 보강

体检 (tǐjiǎn 티지엔) 신체검사

成绩单 (chéngjìdān 청찌딴) 성적표

毕业证书 (bìyèzhèngshū 삐이에쩡수) 졸업장

硕士 (shuòshì 수어스) 석사

博士 (bóshì 보어스) 박사

家长 (jiāzhǎng 찌아장) 학부형, 보호자

欺负 (qīfu 치푸) 괴롭히다

학과와 과목

学科 (xuékē 쉬에크어) 학과

科目 (kēmù 크어무) 과목

专业 (zhuānyè 쭈안이에) 전공

学分 (xuéfēn 쉬에펀) 학점

作文 (zuòwén 쭈어원) 작문(하다)

报考 (bàokǎo 빠오카오) 리포트

论文 (lùnwén 룬원) 논문

毕业论文 (bìyèlùnwén 삐이에룬원) 졸업논문

发表 (fābiǎo 파비아오) 발표(하다)

语文 (yǔwén 위원) 국어

算数 (suànshù 쑤안수) 산수

理科 (lǐkē 리크어) 이과

外语 (wàiyǔ 와이위) 외국어

音乐 (yīnyuè 인위에) 음악

保健 (bǎojiàn 바오찌엔) 보건

体育 (tǐyù 티위) 체육

科学 (kēxué 크어쉬에) 과학

哲学 (zhéxué 저쉬에) 철학

历史 (lìshǐ 리스) 역사

地理 (dìlǐ 띠리) 지리

数学 (shùxué 수쉬에) 수학

物理 (wùlǐ 우리) 물리

化学 (huàxué 후아쉬에) 화학

美术 (měishù 메이수) 미술

书法 (shūfǎ 수파) 서예

法学 (fǎxué 파쉬에) 법학

经济学 (jīngjìxué 찡찌쉬에) 경제학

政治学 (zhèngzhìxué 쩡쯔쉬에) 정치학

统计学 (tǒngjìxué 통찌쉬에) 통계학

心理学 (xīnlǐxué 신리쉬에) 심리학

社会学 (shèhuìxué 셔후에이쉬에) 사회학

考古学 (kǎogǔxué 카오구쉬에) 고고학

工学 (gōngxué 꽁쉬에) 공학

医学 (yīxué 이쉬에) 의학

药学 (yàoxué 야오쉬에) 약학

生物学 (shēngwùxué 셩우쉬에) 생물학

农学 (nóngxué 농쉬에) 농학

학교용품

黑板 (hēibǎn 헤이반) 칠판

板擦儿 (bǎncār 반찰) 칠판지우개

粉笔 (fěnbǐ 펀비) 분필

教鞭 (jiàobiān 찌아오삐엔) 교편

挂图 (guàtú 꾸아투) 궤도

讲桌 (jiǎngzhuō 지앙쭈어) 교탁

讲坛 (jiǎngtán 지앙탄) 교단

地球仪 (dìqiúyí 띠치우이) 지구의

课桌 (kèzhuō 크어쭈어) 책상

风琴 (fēngqín 펑친) 오르간

标本 (biāoběn 삐아오번) 표본

显微镜 (xiǎnwēijìng 시엔웨이찡) 현미경

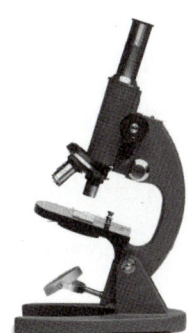

필기구

铅笔 (qiānbǐ 치엔비) 연필

彩色铅笔 (cǎisèqiānbǐ 차이쓰어치엔비) 색연필

蜡笔 (làbǐ 라비) 크레용

自动铅笔 (zìdòngqiānbǐ 쯔똥치엔비) 샤프펜슬

圆珠笔 (yuánzhūbǐ 위엔쭈비) 볼펜

钢笔 (gāngbǐ 깡비) 만년필

笔 (bǐ 비) 붓, 필기도구

砚台 (yàntái 이엔타이) 벼루

墨 (mò 모어) 먹

笔筒 (bǐtǒng 비통) 필통

橡皮 (xiàngpí 시앙피) 지우개

涂改液 (túgǎiyè 투가이이에) 수정액

铅笔刀 (qiānbǐdāo 치엔비따오) 연필깎이

文具盒 (wénjùhé 원쮜흐어) 연필통

圆规 (yuánguī 위엔꾸에이) 컴퍼스

尺子 (chǐzi 츠즈) 자

书 (shū 수) 책

本子 (běnzi 번즈) 노트, 공책

 예술

文学 (wénxué 원쉬에) 문학

小说 (xiǎoshuō 시아오수어) 소설

作家 (zuòjiā 쭈어찌아) 작가

翻译 (fānyi 판이) 번역

传记 (zhuànjì 쭈안찌) 전기

童话 (tónghuà 통후아) 동화

日记 (rìjì 르찌) 일기

卡通 (kǎtōng 카통) 카툰, 만화

题目 (tímù 티무) 제목, 테마

艺术 (yìshù 이수) 예술

雕刻 (diāokè 띠아오크어) 조각

铜像 (tóngxiàng 통시앙) 동상

版画 (bǎnhuà 반후아) 판화

画廊 (huàláng 후아랑) 화랑

民歌 (míngē 민끄어) 민요

乐器 (yuèqì 위에치) 악기

合唱 (héchàng 흐어창) 합창(하다)

杰作 (jiézuò 지에쭈어) 걸작

PART 12

기본단어

지시대명사
인칭대명사
의문사
위치와 방향
기본 형용사
성격
감정
중요 동사
중요 부사
일상적인 행위

지시대명사

这个 (zhège 쩌그어) 이것, 그것

那个 (nàge 나그어) 저것

哪个 (nǎge 나그어) 어느 것

这里 (zhèlǐ 쩌리) 여기

那里 (nàlǐ 나리) 저기, 거기

哪里 (nǎlǐ 나리) 어디

这边 (zhèbiān 쩌삐엔) 이쪽

那边 (nàbiān 나삐엔) 저쪽, 그쪽

哪边 (nǎbiān 나삐엔) 어느 쪽

 인칭대명사

我 (wǒ 워) 나

我们 (wǒmen 워먼) 우리들

你 (nǐ 니) 당신

您 (nín 닌) 당신(존경)

你们 (nǐmen 니먼) 당신들

先生 (xiānsheng 시엔셩) 씨

小姐 (xiǎojie 시아오지에) 양

他 (tā 타) 그, 그이

她 (tā 타) 그녀

의문사

什么时候 (shénmeshíhou 선머스허우) 언제

什么地方 (shénmedìfāng 선머띠팡) 어디

谁 (shéi 세이) 누구

什么 (shénme 선머) 무엇

为什么 (wéishénme 웨이선머) 왜

怎么 (zěnme 전머) 어떻게

怎么样 (zěnmeyàng 전머양) 어떻게

위치와 방향

上 (shàng 샹) 위

中 (zhōng 쭝) 가운데

下 (xià 시아) 아래

左边 (zuǒbiān 주어삐엔) 왼쪽

右边 (yòubiān 여우삐엔) 오른쪽

左右 (zuǒyòu 주어여우) 좌우

东边 (dōngbiān 똥삐엔) 동쪽

西边 (xībiān 시삐엔) 서쪽

南边 (nánbiān 난삐엔) 남쪽

北边 (běibiān 베이삐엔) 북쪽

前边 (qiánbiān 치엔삐엔) 앞

后边 (hòubiān 허우삐엔) 뒤

旁边 (pángbiān 팡삐엔) 옆, 가로

~ 从 (cóng 총) ~부터

~ 到 (dào 따오) ~까지

기본 형용사

白 (bái 바이) 하얗다

黑 (hēi 헤이) 까맣다

红 (hóng 홍) 빨갛다

藍 (lán 란) 파랗다

綠 (lǜ 뤼) 초록

大 (dà 따) 크다

小 (xiǎo 시아오) 작다

多 (duō 뚜어) 많다

少 (shǎo 샤오) 적다

长 (cháng 창) 길다

短 (duǎn 두안) 짧다

粗 (cū 추) 굵다

细 (xì 시) 가늘다

厚 (hòu 허우) 두텁다

薄 (báo 바오) 얇다

重 (zhòng 쫑) 무겁다

轻 (qīng 칭) 가볍다

硬 (yìng 잉) 딱딱하다

软 (ruǎn 루안) 부드럽다

好 (hǎo 하오) 좋다

坏 (huài 후아이) 나쁘다

新 (xīn 신) 새롭다

旧 (jiù 찌우) 오래되다

高 (gāo 까오) 높다

12

低 (dī 띠) 낮다

贵 (guì 꾸에이) 비싸다

便宜 (piányi 피엔이) 싸다

明亮 (míngliàng 밍리앙) 밝다

阴暗 (yīn'àn 인안) 어둡다

快 (kuài 쿠아이) 빠르다

早 (zǎo 자오) 이르다

慢 (màn 만) 늦다

容易 (róngyì 롱이) 쉽다

难 (nán 난) 어렵다

安静 (ānjìng 안찡) 조용하다

嘈杂 (cáozá 차오자) 시끄럽다

空闲 (kōngxián 콩시엔) 한가하다

忙 (máng 망) 바쁘다

热 (rè 르어) 덥다

冷 (lěng 렁) 춥다

愉快 (yúkuài 위쿠아이) 즐겁다

悲伤 (bēishāng 뻬이상) 슬프다

干净 (gānjìng 깐찡) 깨끗하다

肮脏 (āngzàng 앙짱) 더럽다

复杂 (fùzá 푸자) 복잡하다

简单 (jiǎndān 지엔딴) 간단하다

方便 (fāngbiàn 팡삐엔) 편리하다

胖 (pàng 팡) 뚱뚱하다

瘦 (shòu 셔우) 여위다

老 (lǎo 라오) 늙다

年轻 (niánqīng 니엔칭) 젊다

浓 (nóng 농) 짙다, 진하다

淡 (dàn 딴) 엷다, 연하다

 성격

性格 (xìnggé 싱그어) 성격

温柔 (wēnróu 원로우) 온유하다

热情 (rèqíng 르어칭) 친절하다

直爽 (zhíshuǎng 즈수앙) 정직하다

优秀 (yōuxiù 여우시우) 우수하다

聪明 (cōngmíng 총밍) 총명하다

机灵 (jīlíng 지링) 영리하다

认真 (rènzhēn 런쩐) 성실하다

快活 (kuàihuó 쿠아이후어) 쾌활하다

积极 (jījí 찌지) 적극적이다

冷淡 (lěngdàn 렁딴) 냉담하다

懒惰 (lǎnduò 란뚜어) 나태하다

迟钝 (chídùn 츠뚠) 둔하다

狂妄 (kuángwàng 쿠앙왕) 방자하다

任性 (rènxìng 런싱) 제멋대로이다

性急 (xìngjí 싱지) 성미가 급하다

大方 (dàfāng 따팡) 대범하다

小气 (xiǎoqì 시아오치) 째째하다

狡猾 (jiǎohuá 지아오후아) 교활하다

 감정

快乐 (kuàilè 쿠아이러) 기쁘다, 유쾌하다

高兴 (gāoxìng 까오싱) 즐겁다

喜欢 (xǐhuān 시후안) 좋아하다

愉快 (yúkuài 위쿠아이) 유쾌하다

痛快 (tòngkuài 통쿠아이) 통쾌하다, 후련하다

舒服 (shūfu 수푸) 쾌적하다

放心 (fàngxīn 팡신) 안심하다

难过 (nánguò 난꾸어) 괴롭다, 슬프다

伤心 (shāngxīn 상신) 슬퍼하다, 상심하다

烦躁 (fánzào 판짜오) 초조하다

悲哀 (bēi'āi 뻬이아이) 비애, 슬픔

痛苦 (tòngkǔ 통쿠) 고통스럽다

悲伤 (bēishāng 뻬이상) 슬프고 마음이 쓰리다

着急 (zhuójí 주어지) 조급해하다

生气 (shēngqì 성치) 화나다

发愁 (fāchóu 파초우) 근심하다, 우려하다

失望 (shīwàng 스왕) 실망하다

害怕 (hàipà 하이파) 두려워하다, 무서워하다

恐惧 (kǒngjù 콩쮜) 겁먹다

后悔 (hòuhuǐ 허우후에이) 후회하다

讨厌 (tǎoyàn 타오이엔) 싫어하다, 혐오하다

有趣 (yǒuqù 여우취) 재미있다

没趣 (méiqù 페이취) 재미없다

苦 (kǔ 쿠) 고되다, 괴롭다

辛苦 (xīnkǔ 신쿠) 고생하다

幸福 (xìngfú 싱푸) 행복하다

满足 (mǎnzú 만주) 만족하다

惊奇 (jīngqí 찡치) 이상히 여기다

兴奋 (xīngfèn 싱펀) 흥분하다

紧张 (jǐnzhāng 진짱) 긴장하다

慌张 (huāngzhāng 후앙짱) 당황하다, 허둥대다

忍耐 (rěnnài 런나이) 인내하다, 참다

期望 (qīwàng 치왕) 기대하다

相信 (xiāngxìn 시앙신) 믿다

怀疑 (huáiyí 후아이이) 의심하다

 중요 동사

去 (qù 취) 가다

来 (lái 라이) 오다

坐 (zuò 쭈어) 앉다

站 (zhàn 짠) 서다

看 (kàn 칸) 보다

听 (tīng 팅) 듣다

吃 (chī 츠) 먹다

喝 (hē 흐어) 마시다

洗 (xǐ 시) 씻다

笑 (xiào 시아오) 웃다

哭 (kū 쿠) 울다

说 (shuō 수어) 말하다

做 (zuò 쭈어) 하다, 만들다

拉 (lā 라) 당기다, 끌다

推 (tuī 투에이) 밀다

买 (mǎi 마이) 사다

卖 (mài 마이) 팔다

穿 (chuān 추안) 입다, 신다

脱 (tuō 투어) 벗다

躺 (tǎng 탕) 눕다

起床 (qǐchuáng 치추앙) 일어나다

想 (xiǎng 시앙) 생각하다

喜欢 (xǐhuan 시후안) 좋아하다

拿 (ná 나) 쥐다, 잡다

搬 (bān 빤) 옮기다

打 (dǎ 다) 치다, 때리다

 중요 부사

很 (hěn 흐언) 매우/ 잘

最 (zuì 쭈에이) 가장 제일

太 (tài 타이) 너무

更 (gèng 껑) 더욱

比较 (bǐjiào 비찌아오) 비교적

特别 (tèbié 트어비에) 특별히

稍微 (shāowēi 샤오웨이) 약간, 조금

差不多 (chābuduō 차부뚜어) 거의, 대체로

大致 (dàzhì 따쯔) 대체로, 대강

尽量 (jǐnliàng 진리앙) 가능한 한

至少 (zhìshǎo 쯔샤오) 최소한, 적어도

实在 (shízài 스짜이) 참으로, 실제로

果然 (guǒrán 구어란) 과연

只好 (zhǐhǎo 즈하오) 부득이, 할 수 없이

白 (bái 바이) 헛되이

还是 (háishi 하이스) 여전히

一定 (yídìng 이띵) 반드시, 꼭

一直 (yìzhí 이즈) 곧바로, 줄곧

大概 (dàgài 따까이) 대략, 대개

仍然 (réngrán 렁란) 여전히, 변함없이

又 (yòu 여우) 또

再 (zài 짜이) 다시

还 (hái 하이) 또한

刚 (gāng 깡) 방금

刚才 (gāngcái 깡차이) 이제, 막

马上 (mǎshàng 마샹) 곧, 빨리

赶快 (gǎnkuài 간쿠아이) 빨리

已经 (yǐjīng 이찡) 이미, 벌써

正 (zhèng 쩡) 일찍 벌써

才 (cái 차이) 바로, 곧

先 (xiān 시엔) 먼저

然后 (ránhòu 란허우) ~한 후에

就要 (jiùyào 찌우야오) 머지않아, 곧

预先 (yùxiān 위시엔) 미리, 우선

忽然 (hūrán 후란) 갑자기

偶然 (ǒurán 어우란) 우연히

本来 (běnlái 번라이) 원래, 본래

常常 (chángcháng 창창) 자주

往往 (wǎngwǎng 왕왕) 왕왕

逐渐 (zhújiàn 주찌엔) 점차

都 (dōu 떠우) 모두, 다

到处 (dàochù 따오추) 도처에

不 (bù 뿌) 아니다, ~않다

没 (méi 메이) 없다, 아니다

当然 (dāngrán 땅란) 당연히

일상적인 행위

睡醒 (shuìxǐng 수에이싱) 잠에서 깨다

开灯 (kāidēng 카이떵) 불을 켜다

起床 (qǐchuáng 치추앙) 일어나다

叠被子 (diébèizi 디에뻬이즈) 이불을 개다

拉开窗帘 (lākāichuānglián 라카이추앙리엔)
커튼을 젖히다

打开窗户 (dǎkāichuānghu 다카이추앙후) 창문을 열다

穿衣服 (chuānyīfu 추안이푸) 옷을 입다

上厕所 (shàngcèsuǒ 상츠어쑤어) 화장실에 가다

牙刷 (yáshuā 야수아) 이를 닦다

洗脸 (xǐliǎn 시리엔) 세수하다

擦脸 (cāliǎn 차리엔) 얼굴을 닦다

点火 (diǎnhuǒ 디엔후어) 불을 붙이다

烧水 (shāoshuǐ 샤오수에이) 물을 끌이다

烧饭 (shāofàn 샤오판) 밥을 짓다

做菜 (zuòcài 쭈어차이) 반찬을 만들다

盛饭 (chéngfàn 청판) 밥을 푸다

吃饭 (chīfàn 츠판) 밥을 먹다

喝汤 (hētāng 흐어탕) 국을 먹다

冲茶(沏茶) (chōngchá 총차)(qīchá 치차) 차를 타다

喝茶 (hēchá 흐어차) 차를 마시다

收拾厨房 (shōushichúfáng 셔우스추팡)
주방을 치우다

擦桌子 (cāzhuōzi 차쭈어즈) 테이블을 닦다

打扫屋子 (dǎsǎowūzi 다싸오우즈) 방을 청소하다

洗衣服 (xǐyīfu 시이푸) 세탁하다

晒衣服 (shàiyīfu 샤이이푸) 옷을 널다

化装 (huàzhuāng 후아쭈앙) 화장을 하다

涂口红 (túkǒuhóng 투커우훙) 립스틱을 바르다

打扮 (dǎban 다빤) 치장하다

照镜子 (zhàojìngzi 짜오찡즈) 거울을 보다

穿大衣 (chuāndàyī 추안따이) 코트를 입다

戴戒指 (dàijièzhi 따이찌에즈) 반지를 끼다

戴帽子 (dàimàozi 따이마오즈) 모자를 쓰다

系领带 (jìlǐngdài 찌링따이) 넥타이를 매다

系皮带 (jìpídài 찌피따이) 벨트를 차다

穿鞋子 (chuānxiézi 추안시에즈) 신발을 신다

关门 (guānmén 꾸안먼) 문을 닫다

锁门 (suǒmén 수어먼) 문을 잠그다

走路 (zǒulù 저우루) 걷다

骑车 (qíchē 치처) 자전거를 타다

坐车 (zuòchē 쭈어처) 차를 타다

开车 (kāichē 카이처) 차를 운전하다

上学 (shàngxué 상쉬에) 등교하다

上班 (shàngbān 상빤) 출근하다

上课 (shàngkè 상크어) 수업을 하다

工作 (gōngzuò 꽁쭈어) 일을 하다

打工 (dǎgōng 다꽁) 아르바이트를 하다

买东西 (mǎidōngxi 마이똥시) 쇼핑하다

上图书馆 (shàngtúshūguǎn 상투수구안) 도서관에 가다

逛街 (guàngjiē 꾸앙찌에) 거리를 돌아다니다

吃午饭 (chīwǔfàn 츠우판) 점심을 먹다

喝咖啡 (hēkāfēi 흐어카페이) 커피를 마시다

听音乐 (tīngyīnyuè 팅인위에) 음악을 듣다

看戏 (kànxì 칸시) 연극을 보다

看电影 (kàndiànyǐng 칸띠엔잉) 영화를 보다

打球 (dǎqiú 다치우) 공을 치다

逛公园 (guànggōngyuán 꾸앙꽁위엔) 공원에 가다

跑步 (pǎobù 파오뿌) 조깅하다

下课 (xiàkè 시아크어) 수업이 끝나다

下学 (xiàxué 시아쉬에) 하교하다

下班 (xiàbān 시아빤) 퇴근하다

看晚报 (kànwǎnbào 칸완빠오) 석간을 보다

看电视 (kàndiànshì 칸띠엔스) TV를 보다

回家 (huíjiā 후에이찌아) 귀가하다

洗澡 (xǐzǎo 시자오) 목욕하다

刮脸 (guāliǎn 꾸아리엔) 면도하다

洗头 (xǐtóu 시터우) 머리를 감다

吹风 (chuīfēng 추에이펑) 드라이하다

梳头 (shūtóu 수터우) 머리를 빗다

剪指甲 (jiǎnzhǐjia 지엔즈지아) 손톱을 깎다

卸妆 (xièzhuāng 시에쮸앙) 화장을 지우다

换睡衣 (huànshuìyī 후안수에이이) 잠옷으로 갈아입다

上床 (shàngchuáng 상추앙) 침대에 눕다

上闹钟 (shàngnàozhōng 상나오쫑) 알람을 맞추다

盖被子 (gàibèizi 까이뻬이즈) 이불을 덮다

关灯 (guāndēng 꾸안떵) 불을 끄다

睡觉 (shuìjiào 수에이찌아오) 잠을 자다

睡不着 (shuìbuzháo 수에이부자오) 잠이 오지 않다

睡着 (shuìzháo 수에이자오) 잠들다

睡熟 (shuìshú 수에이수) 깊이 잠들다

咬牙 (yǎoyá 야오야) 이를 갈다

打呼噜 (dǎhūlu 다후루) 코를 골다

做梦 (zuòmèng 쭈어멍) 꿈을 꾸다

说梦话 (shuōmènghuà 수어멍후아) 잠꼬대를 하다